Peter Zihlmann
Basel–Pristina

Peter Zihlmann

Basel-Pristina

oder die Blutrache in der Schweiz

Mit einem Vorwort von Margrit Sprecher

orell füssli Verlag AG

© 2007 Orell Füssli Verlag AG, Zürich
www.ofv.ch
Alle Rechte vorbehalten

Umschlagabbildung: Getty Images (Oleg Nikshin)
Umschlaggestaltung: Andreas Zollinger, Zürich
Druck: fgb • freiburger graphische betriebe, Freiburg i. Brsg.
Printed in Germany

ISBN 978-3-280-06084-1

Bibliografische Information der Deutschen Bibliothek:
Die Deutsche Bibliothek verzeichnet diese Publikation in der
Deutschen Nationalbibliografie; detaillierte bibliografische
Daten sind im Internet über http://dnb.d-nb.de abrufbar.

Inhalt

Vorwort *8*
Vorbemerkung *13*

Die fünf Erzählungen *19*
I. Ardita, Tochter und Braut *20*
II. Jusuf, der Familienvater *51*
III. Violetta, Zeqirs Ehefrau *78*
IV. Sadije, die gerichtliche Wahrheit über eine Mutter, die tötete *88*
V. Mirlinda, Zeqirs Schwester *145*

Anmerkungen *169*
Bibliografie *173*
Dank *175*

Verlassen sind wir doch wie verirrte Kinder im Walde. Wenn Du vor mir stehst und mich ansiehst, was weisst Du von den Schmerzen, die in mir sind und was weiss ich von Deinen. Und wenn ich mich vor Dir niederwerfen würde und weinen und erzählen, was wüsstest Du von mir mehr als von der Hölle, wenn Dir jemand erzählt, sie ist heiss und fürchterlich. Schon darum sollten wir Menschen voreinander so ehrfürchtig, so nachdenklich, so liebend stehen wie vor dem Eingang zur Hölle.

Franz Kafka, Brief an Oskar Pollak, 9. November 1903

Personen*

Die Familie Ajazi
Sadije (geb. 1961), die Frau, die Zeqir erschoss
Jusuf (geb. 1960), ihr Ehemann
Ardita (geb. 1982), ihre Tochter
Gazment (geb. 2003), Arditas Kind
Vaxhide (geb. 1979), **Nazmi** (geb. 1985), **Valentina** (geb. 1987), die Geschwister von Ardita

Die Familie Ferizaj
Zeqir (geb.1972; 2000*), Arditas Mann
Mirlinda (geb.1968), Zeqirs Schwester
Fehmi, Mirlindas Mann
Latif, Zeqirs ältester Bruder

Violetta (geb. 1971), Zeqirs Ehefrau in Bern
Kamer, Zeqirs Brautwerber

* Aus Gründen des Persönlichkeitsschutzes sind die Namen geändert. Etwaige Übereinstimmungen mit unbeteiligten Namensträgern sind rein zufällig.

Vorwort

Der Fall bleibt unvergesslich: Nach vier Stunden Verhandlung las der Richter sein Urteil vom Blatt, und je länger dies dauerte, desto öfter legte der Angeklagte vor Anstrengung die Stirn in Falten. Er ahnte nichts Gutes, wusste aber nicht, warum. Zu kunstvoll verschachtelt die Sätze, zu unverständlich die Fachsprache. Schliesslich verfolgte er fassungslos, wie der Vorsitzende die Verhandlung für geschlossen erklärte und seine Papiere bündelte. War er nun verurteilt oder freigesprochen worden?

Kein Einzelfall. Nirgendwo zeigt sich die gestörte Verständigung zwischen Justiz und Volk deutlicher als in der Sprache. Die Ärzte wurden inzwischen zur Ausdeutschung ihres Jargons gezwungen; Richter und Richterinnen dürfen sich noch immer so ausdrücken, dass sie nur Juristen verstehen. Das ist praktisch. Erstens zementiert es in den Augen des Volkes die Würde und Überlegenheit der Justiz. Zweitens spart es Zeit. Es ist mühsam, abstrakte Begriffe mit so viel Leben zu füllen, dass sie auch der Laie begreift. Und es ist anstrengend, komplizierte Sachverhalte auf jene einfache, aber trotzdem korrekte Weise zu sagen, die auch ein Nicht-Jurist kapiert.

Nicht nur die Sprache sorgt in unsern Gerichtssälen für eine Barriere zwischen oben und unten, zwischen Handelnden und Behandelten. Wer die Richterlaufbahn einschlägt, verfügt meist über besonders straffe Normvorstellungen und ein besonders geregeltes Leben. Er kennt weder Zukunftsängste noch unkontrollierte Gefühle, hat weder Süchte noch Schulden. Das macht es schwer, sich in Schicksale einzufühlen, die weniger geradlinig verliefen. Oft mögen die Richter und Richterinnen auch gar nicht zu viel von den unappetitlichen Niederungen des Lebens wissen. Betont mechanisch stellen sie ihre Fragen; mehr als das «Ja» oder «Nein» des Angeklagten interessiert sie nicht, und auch dieses Ja oder Nein bezieht sich allein auf die Richtigkeit der Dauer seiner Schul- oder Militärzeit.

Menschen, die sich als Mittler zwischen Justiz und Öffentlichkeit verstehen, gibt's nur wenige. Gerichtsreporter und -reporterinnen, meist juristische Laien, sind froh, wenn es ihnen gelingt, in der kurzen Zeit, die ihnen zur Verfügung steht, einen Fall rechtlich korrekt zusammenzufassen. Für Zwischentöne oder gar ein Nachhaken bleibt keine Zeit. Und immer weniger Platz. Denn die Gerichtsberichterstattung in unseren Medien ist geschrumpft; manchmal begnügt sie sich mit der Nennung des Strafmasses. Hauptsache, die Leserschaft kann sich über das milde Urteil empören oder über die drakonische Strafe triumphieren. Leider zementieren solche aufs Notwendigste zusammengestrichene Artikel die reine, juristische Paragraphenpraxis ohne Hintergrundinformationen und in der Öffentlichkeit den Glauben, Täter seien von Grund auf Böse, Opfer immer unschuldig.

Auch juristisch gebildete Journalisten versuchen vergeblich, der Gerichtsberichterstattung wieder zum nötigen Gewicht und damit zu mehr Platz zu verhelfen. Zwar hat ein Jurist das Know-how, um einen Fall in den historischen oder analytischen Zusammenhang zu stellen. Er erkennt Verfehlungen der Bürokratie oder eklatante juristische Fehlleistungen und kann deshalb tatsächlich als so genannte vierte Macht im Staat auftreten.

Leider nur kommt ihm beim Schreiben ständig sein Wissen in die Quere. Jede Verkürzung klopft er auf ihre sachliche Korrektheit ab, jeden Fakt polstert er mit juristischen Wenn und Aber aus, immer wieder lässt er sich auf nur schwierig zu fassende, juristische Verästelungen hinaus. Hauptsache, er blamiert sich bei seinen Kollegen nicht. Schliesslich war der Fall fachlich lupenrein, hat aber so viel an Lesbarkeit eingebüsst, dass sich nur noch andere Juristen dafür interessieren.

Doch es gibt Ausnahmen. Juristen, die so schreiben, dass sie alle verstehen; sie wollen Dolmetscher zwischen der Paragraphenwelt und dem Volk sein und kennen sich sogar, wie der Basler Jurist Peter Zihlmann, in beiden Lagern aus. Als ehemaliger Verteidiger weiss Peter Zihlmann, wie viel – für seinen Mandanten Wichtiges – in einer Verhandlung nicht zur Sprache kommt und wie gleichgültig den Richtern der Mensch hinter der Tat oft bleibt. Als ehemaliger Richter weiss er, wie schmal der Spielraum ist, der ihm zur Verfügung steht, und dass die richterliche Wahrheit immer nur eine von vielen Wahrheiten ist – vielleicht sogar die bequemste und einfachste. Denn sie arbeitet nach einem Tarif, der so simpel funktioniert wie eine Supermarkt-Kasse: An jedem Tatbestand hängt ein Preisschild. Und am Schluss der Verhandlung bleiben Taten wie Täter so fremd und unerklärlich, wie sie vor der Verhandlung waren.

Schon in seinen früheren Büchern versuchte Peter Zihlmann, die Grenzen zwischen Justiz und Öffentlichkeit durchlässiger zu machen, ja zu sprengen. Das brachte ihm nicht nur Freunde ein. Für die Juristen ist er ein Nestbeschmutzer und Polemiker, für die Schriftsteller ein auf Abwege geratener Jurist. Den einen schreibt er zu unwissenschaftlich, den anderen zu wissenschaftlich. Und für beide bleibt er ein Aussenseiter.

Rechtsgelehrte, die versuchten, die Seele eines Täters oder einer Täterin mit literarischen und psychologischen Mitteln auszuloten, gab's schon früher. Der wohl berühmteste heisst Anselm Feuerbach. Seine Galerie kriminalistischer Fallbeispiele, Mitte des 19. Jahrhunderts unter dem Titel «Aktenmässige Darstellung merkwürdiger Verbrechen» erschienen, wurde schon zu seinen Lebzeiten ein Bestseller und fand, wie im Vorwort der dritten Auflage vermerkt wird, «sogar in die Boudoirs der eleganten Lesewelt» Einlass. Kein Wunder. Denn die Mörder- und Mörderinnenporträts lesen sich so spannend wie Kriminalgeschichten. Dies, weil sich Feuerbach für alles interessierte, «was ausserhalb der Grenzen streng richterlicher Beurteilung» lag und jenseits der Möglichkeiten der «bloss um ihren Taglohn arbeitenden Handwerker der Justiz».

Feuerbach machte sich los «von den beengenden Rücksichten amtlichen Berufszwecks» und nahm sich die Freiheit, jeden Fall «aus einem freien Standpunkte aufzufassen, ihn entweder nur von der Seite oder von allen Seiten zu betrachten», um die «verborgenen Keime des Verbrechens» aufzudecken, die «in den geheimen Falten der Seele» verborgen sind. Denn das menschliche Gemüt «gleicht dem Meere, das zuweilen, wenn Erdbeben oder von der Tiefe emporsteigende Grundwellen dessen Innerstes aufwühlen, manche Dinge, die vielleicht Jahrhunderte auf dem Boden seines Abgrundes lagen, gewaltsam in die Höhe treibt und an die Gestade wirft».

Solchen Naturgewalten aber, so seine Überzeugung, kann kein Prozess Rechnung tragen: «Der umständliche Rechtsgang (…) und die vollständigste Geschichtserzählung über die letzten Gründe einer

Begebenheit, über die wahren Motive der handelnden Spieler lassen uns oft genug unbefriedigt.»

Freilich: Rechtsprofessor Feuerbach glaubte an die Fähigkeit der Justiz, ein Verbrechen gerecht zu bestrafen. Kaum je zweifelte er die Kompetenz der Richter und die Qualität ihrer Urteile an. Etwas anderes wäre zu seiner Zeit wohl gar nicht möglich gewesen.

Peter Zihlmann dagegen ist der Glaube an die Gerechtigkeit längst abhanden gekommen. Und die jüngsten Entwicklungen bestärken ihn noch in seiner Einstellung. Unser Justizbetrieb wird von Jahr zu Jahr kühler und routinierter; an den Gerichten dominieren die Fleissigen und, ja, auch Faden. Leidenschaftslos, zielstrebig und zügig spulen sie ihre Fälle ab und verhängen zunehmend härtere Strafen. Damit liegen sie ganz im Trend der Zeit und treffen den Geschmack der Öffentlichkeit: Schädlinge der Gesellschaft müssen möglichst lange weggesperrt werden.

Träfen sich Anselm Feuerbach und Peter Zihlmann heute zu einem Streitgespräch, würden wohl die Fetzen fliegen. Ein gemeinsames Ziel aber haben sie beide. Beide wollen bei ihren Leserinnen und Lesern Nachdenklichkeit schaffen. Jene Nachdenklichkeit, die klar macht: Jedes Verbrechen ist vor allem eines – eine Tragödie.

Margrit Sprecher, Zürich, Juli 2006

Vorbemerkung

Die Geschichte, die ich niederschreibe, befasst sich mit einem authentischen Fall, der sich im Jahre 2000 in Basel zugetragen hat. Sobald irgendjemand über Tatsachen berichtet, Worte dafür sucht und findet oder erfindet, schafft er, ob er das nun beabsichtigt oder ob ihm das fern liegt, einen Lebensraum für die Tatsachen, die scheinbar «Totsachen», tote Sachen sind. Im Textkörper der Aufzeichnung, einem virtuellen Lebensraum, werden die Tatsachen, die zunächst in ihrem angestammten «Zeit-Raum» wie in einer Rumpelkammer neben- und hintereinander, teils sichtbar, teils verdeckt eingelagert sind, zu sinnreichem Leben erweckt. Jede Tatsache wird augenblicklich eine vergehende und bald eine vergangene, eine, die hinter dem Mantel der Vergangenheit versteckt ist und nur sichtbar wird, soweit sich jemand an sie erinnert.

Die lokale Presse hat über das Familiendrama und den anschliessenden Prozess kurz berichtet. Der Fall ist kaum ins öffentliche Bewusstsein gedrungen. Kaum noch, dass sich – ausser den direkt Betroffenen – eine langjährige Nachbarin am Tatort daran erinnert. Doch die von niemandem erinnerten Tatsachen sind niemals tot.

Von ihnen gehen geheime und oft unheimliche Wirkungen auf die Gegenwart aus. Die Tatsachen, die mit der Erzählung aus der Vergangenheit hervorgeholt werden, unterliegen dem ständigen

Wandel und dem Fluss der Erinnerung, sobald diese sie an sich zieht und damit zum Leben erweckt. Tatsachen können nur in unserer Seele lebendig und wirksam werden. Das Leben in der Erinnerung ist nicht eine Wiedererweckung, es ist – das mag überraschen – die erste Erweckung reiner, abgeschiedener Tatsachen zu gemeinsamem, bewusstem Leben mit uns in der Gegenwart. Im Begehren, zu begreifen und zu verstehen, was die Betroffenen uns mitteilen und auf diese Weise auch mit uns teilen wollen, nehmen wir an ihrem Schicksal Anteil und werden zu Weggefährten der Zeitzeugen dieser Geschichte.

Selbst die juristische Auseinandersetzung mit den schlimmen Ereignissen, der Prozess und das Urteil, reihen sich in diese Vorgänge der Erinnerung ein, auch wenn sie in unserer Gesellschaft eine höhere, ja nahezu absolute Geltung beanspruchen. Das juristische Fazit, wie es im staatlichen Urteil festgehalten wird, gilt als offiziell verbriefte und verbürgte Wahrheit einer Affäre.

Das juristische Urteil ist auch Ausgangspunkt meines Suchens nach der Wahrheit, dem gemeinsamen Erleben. Ich habe überdies mit den von der Geschichte Betroffenen gesprochen. Als die Beteiligten Jahre später mit mir sprachen, gab es für sie nichts mehr zu gewinnen oder zu verlieren. Jeder hat in wesentlichen Schattierungen und Abweichungen vom anderen sein eigenes Erleben und Wahrnehmen und somit seine eigene Wahrheit. Daher sind diese Erzählungen aus der jeweiligen Perspektive der Betroffenen mehr und anderes als ein amtliches Protokoll oder Urteilstext.

Die gerichtliche, staatlich verbürgte Geschichte tritt mit dem Anspruch auf, die Realität wiederzugeben, sie objektiv zu beurteilen und «die Wahrheit» zu sein. Und das soll selbst dann gelten, wenn Menschen gerichtlich verurteilt und abgeurteilt werden. Einen solch absolut gesetzten amtlichen Wahrheitsanspruch verwerfe ich als eine Art der Falschmünzerei. Ich bin zwar auch für diese Aufzeichnungen von der offiziellen, gerichtlich festgestellten «Wahrheit» ausgegangen. Aber ich habe ihr die Sicht der Täterin gegenübergestellt und die ihres Ehemannes und jene ihrer Tochter Ardita, die zwischen die Fronten der Familienfehde geraten war. Dem Getöteten habe ich die Stimme seiner immer noch um ihn untröstlich trauernden Schwester Mirlinda verliehen.

Auch die erste Frau des Opfers, die vor Gericht so wenig angehört worden ist wie Ardita, kommt zu Wort und lässt sichtbar werden, was der offiziellen Wahrheit fehlt. Die Geschichte wird in diesem Buch aus fünf verschiedenen Blickwinkeln geschildert; eigentlich sind es sieben, wenn ich Zeqirs erste Frau und meine eigene Erzählperspektive dazunehme.

Tatsachen und menschliches Erleben in einem Text gebündelt und vereint, ist das ein Tatsachenbericht? Nein, es ist etwas anderes, es ist ein Bericht über menschliches Erleben, ein Erlebnisbericht. Die Wahrheit, der Fluss gemeinsamen Lebens und Erlebens, ist in dieser Familiengeschichte auffallend schmal. Gewunden wie ein kleiner Bach im Niemandsland zwischen einander verfeindeten Gebieten schlängelt sie sich fast unsichtbar hindurch.

Als mir mein Berufskollege von dem Fall der Mutter erzählte, die den Freund ihrer Tochter auf offener Strasse in Klein-Basel erschossen hatte, interessierten mich die Motive und Hintergründe, die zu diesem Mord geführt hatten.

Ich studierte den Urteilstext, die Begründung des Strafurteils. Ich gebe zu, meist habe ich viel an den Urteilen der Strafgerichte zu kritisieren. Es ist, als würde ich von der Unerbittlichkeit der Gerichte dazu angetrieben, die Richter vor meinem inneren Tribunal einem ebenso erbarmungslosen Urteil auszusetzen, wie sie es zuvor über ihre Angeklagten verhängt haben. Ich kritisiere die Sprache der Richter, die mit ihren sperrigen juristischen Formalitäten versuchen, das Leben einzufangen, um über das Schicksal der Betroffenen entscheiden zu können. Die Strafe! Die Wirkung, die von ihr ausgeht! Sie mag in ihrem Ursprung und in ihrer theoretischen Absicht sinnvoll sein, jedenfalls als unabwendbar erscheinen.

Aber in der Praxis schadet sie nach meiner Erfahrung viel mehr, als sie nützt. Sie wirkt sich als Schikane, als absichtlich zugefügtes Übel, als pure Rache gegen eine ganze Familie, ja letztlich wiederum gegen ganze Bevölkerungskreise aus. Das ist nicht nur meine persönliche Ansicht. Ich teile sie mit den fortschrittlichsten Experten der Strafrechtswissenschaft[1].*

Bei diesem «Fall» jedoch verstummte meine kritische Stimme, weil die ausgesprochene Strafe mild ausgefallen und von der Täterin angenommen worden war. Eine bestimmte Stelle im Urteilstext blieb in meinem Gedankenfluss wie ein störender Fremdkörper, vielleicht wie ein riesig aufgebauschter Plastiksack am Ufer eines natürlichen Flusses hängen. Es waren die drei Wörter «aus nichtigem Grund». Aus nichtigem Grund habe die Täterin Zeqir umgebracht, hielt das Urteil in seiner Begründung fest.

Aus der Empörung, welche diese richterliche Feststellung, die eigentlich nur eine Behauptung ist, bei mir ausgelöst hat, ist die Idee zu diesem Buch entstanden. Während meiner Recherchen bin ich auf den *Kanun* gestossen, das uralte albanische Gewohnheitsrecht, das von einem Franziskanerpater zu Beginn des 20. Jahrhunderts ge-

---

* Die Anmerkungsnummern verweisen auf die Anmerkungen ab Seite 169.

sammelt und aufgeschrieben worden war. In dessen Zentrum stehen der Ehrenmord, die Blutrache, dieses grimmige und unerbittliche, sich über Generationen fortpflanzende Abrechnungssystem des Tötens und Rächens und des Wiederherstellens der verletzten Ehre. Dieses Brauchtum wirkt sich bis in unsere Zeit aus. Wir sind trotz modernem Rechtssystem von diesem Grauen erregenden Zentrum der Gewalt weit weniger weit entfernt, als es auf den ersten Blick den Anschein haben mag.

Die fünf Erzählungen

I. Ardita, Tochter und Braut

Vergeblich suchte ich im Eingang des Wohnblocks nach einem Glockenschild mit dem Namen Ajazi. Zwei Druckknöpfe waren ohne Beschriftung, neben dem einen war ein kleiner weisser Klebstreifen angebracht. Dort klingelte ich. Aus der Gegensprechanlage ertönte eine dünne Kinderstimme. Ich sagte meinen Namen, und sie nannte das Stockwerk ihrer Wohnung. Das ging im Verkehrslärm unter. Ich irrte ein wenig durch die Gänge, bis ich zu der geöffneten Türe kam, wo eine schlanke, etwas zerbrechlich wirkende Frau stand, fast noch Mädchen, die mich aus gelbumrandeten Augen ernst ansah, etwas zur Seite trat und mich mit den Worten «Ich habe gesagt, 2. Stock» begrüsste. Das klang mehr nach Entschuldigung als nach Vorwurf.

Hinter ihr ging ein etwas kräftigerer Teenager vom einen Raum in einen anderen und fasste mich dabei einen Moment ins Auge. Durch Vermittlung eines gemeinsamen Bekannten hatte ich mit Jusuf Ajazi, Arditas Vater, per Handy in Kontakt treten können. Er und Ardita erklärten sich spontan bereit, mir ihre Geschichte zu erzählen, von der ich gehört hatte. Ich konnte ihnen beiden nichts Konkretes über den Verwendungszweck meiner späteren Aufzeichnungen sagen. Ich möchte versuchen, ihre Geschichte zu verstehen. Wie konnte es zu dieser Tötung kommen? Wie sieht die Situation aus, die in einem Drama wie diesem endet? Wie sehen es die Betroffenen selbst? Was wissen sie über ihre Geschichte? Wie schätzen sie diese ein?

Weil Jusuf gerade einen Termin im Spital wahrnehmen musste, hörte ich mir zuerst die Geschichte seiner Tochter Ardita an. Sie erzählte einfach und anschaulich. Bald war es mir, ich stünde unsichtbar neben ihr während der ganzen Zeit, von der sie erzählte. Es fiel mir erstaunlich leicht, mich in ihre Lage zu versetzen.

Sie erzählte ihre Geschichte, und es war mir, als hätte ich sie schon immer gekannt, irgendwie hatte ich das Gefühl, sie würde eine mir vertraute Geschichte in mir wachrufen. Als ich ihr zuhörte, wandelte ich selbst wieder in den ungewissen, dunkeln Gängen meiner alten Ängste und auf den unbekannten und doch vertrauten luftigen Pfaden der Illusionen meiner eigenen Jugendzeit.

Trotzdem habe ich die Geschichte erst an jenem Morgen kennen gelernt, als Ardita sie mir erzählte. Sie erzählte vor dem weiten Horizont, wo Realität und Illusion ineinander verfliessen, wo ein Beweisen oder eine blosse Gegendarstellung ausgeschlossen sind, weil Ardita selbst der einzige Beweis ihres Erlebens ist. An sich ist es ja immer so, dass der erste und letzte Beweis unserer Wirklichkeit und Wahrheit wir selber sind, so wie wir lieben und leben, also mit all unseren Fähigkeiten, Fehlern und Irrtümern.

Nicht immer ist ein Fakt schon von allem Anbeginn an ein Fakt, ein Mord ein Mord, eine Lüge eine Lüge. Erst wenn eine Geschichte erzählt und in einer bestimmten Weise verstanden wird, ist etwas so passiert, wie wir es dann später als die Wahrheit vernehmen. Erst dann sind die Fakten zu sinnvollen, wenngleich oft auch schrecklichen Geschichten verwoben. Ich frage mich oft, ob wir in unserem Forschen nach der Wahrheit nicht immer auch auf der Suche nach unserem ganz eigenen Verständnis der Geschichte, eigentlich auf der Pirsch nach unserer eigenen Geschichte sind.

Auch wenn unser Beitrag nur darin bestehen mag, dass wir die uns erzählte und dokumentarisch und wie auch immer bewiesene Wahrheit der anderen aus irgendeinem Grund beurteilen wollen oder sie sogar aufgrund unseres Amtes beurteilen müssen.

Juristen und Richter sind die Konstrukteure der öffentlichen Wahrheit. Sie fügen die Erzählungen der Zeugen und die wissenschaftlich dokumentierten Beweise der Experten – die selbst wieder Ingenieure, Architekten, Biologen, Ärzte und Psychologen oder was auch immer für Fachleute sind – zu einem zusammenhängenden Ganzen, einem Bericht, einem Gutachten oder gar einem juristischen Urteil zusammen. Wir machen, scheint mir, eben doch wieder unsere eigene Geschichte aus den Fakten und den Geschichten der anderen. Aber wahrscheinlich unterliege ich einer logischen Täuschung in ähnlicher Weise, wie wir oft und unausweichlich aufgrund der Beschaffenheit unseres Sehvermögens optischen Täuschungen unterliegen. Zu lange habe ich an den unbewachten Bahnübergängen gearbeitet, wo die von den Juristen sorgfältig aufgegleisten Instanzenzüge des gerichtlichen Güter- und Faktenverkehrs und die mit Illusionen und Lebenslügen bepackten Lastwagenkolonnen auf den Schnellstrassen des Alltags sich kreuzen. Ich bin nicht mehr unvoreingenommen. Aber lassen wir das!

Für das Verständnis der Geschichte aus der Sicht von Ardita, die ich weitergebe, spielt das keine entscheidende Rolle. Es gibt nämlich einen ganz speziellen Grund, wieso sie in einen Grenzbereich der Wahrheit zu liegen gekommen ist. Der Zeuge ihrer Geschichte fehlte und wird immer fehlen, weil er vorzeitig und gewaltsam aus dem Leben entfernt worden ist. Vorher interessierte sich niemand für das, was in dieser Familie vorging. Ja, ich habe aus Arditas Erzählen an diesem Morgen den Eindruck gewonnen, sie selbst und auch ihre Angehörigen hatten damals nicht gewusst, dass sich zwischen ihnen etwas abzuspielen begann, das einer inneren und äusseren Logik folgte und schliesslich in einem blutigen Familiendrama enden musste.

Während Ardita erzählte, spürte ich, wie die Energie ihres jungen Lebens an den Interessen, Ängsten, Hoffnungen, vor allem an der Gewalt und an den Listen und Lügen der sie einkreisenden Gesellschaft abgeprallt war wie der Spielball eines Mädchens, das mit Fremden ein ihr wenig vertrautes Spiel zu spielen versucht.

Sie blieb in der Schweiz wie ganz von selbst in ihrem engen sozialen Kreis stecken. Es gab für sie keine intensiven Beziehungen, ausser dieser einen verhängnisvollen und der Zugehörigkeit zu ihrer Familie. Sie ist und bleibt eine Ajazi, Ardita Ajazi, die mit ihrer Mutter aus dem Kosovo in die Schweiz ausgewandert ist und hier lebt von Kindsbeinen an.

Wo beginnt Arditas Geschichte? Sie ist eine Überlebende. Das zeichnet sie gegen ihren Willen vor den anderen aus. Also begann ihre Geschichte am verhängnisvollen Tag der Tötung. Sie begann, als sie realisierte, dass sie gegen ihren Willen zu einer Überlebenden geworden war, als das Familiendrama seinen Höhepunkt schon überschritten hatte. Das dauerte eine ganze Woche. Und auch dann noch brauchte sie einen zusätzlichen Schock, eine Konfrontation, damit sie die Realität als ihr eigenes Erleben erkennen und annehmen konnte.

Zeqirs gewaltsamer Tod ist das Opfer und das Pfand ihrer Befreiung, so sollte sie es wohl sehen. Aus den Gerichtsakten geht hervor, dass sie in jenen Tagen umsorgt, in fremden Händen, dass sie hospitalisiert und zugleich eingesperrt war.

Ardita war an jenem Morgen sofort nach dem Morgenessen, das ihr in ihre Zelle serviert worden war, von der geschlossenen Abteilung der Psychiatrischen Universitätsklinik ins Gerichtsmedizinische Institut gebracht worden. Hier stand und wartete die 17-Jährige in Begleitung eines Pflegers.

Ja, hier beginnt auch für mich als Zuhörer ihre Geschichte, obwohl sie sich im Gespräch an diesen Punkt allmählich herantasten musste. Ich sehe sie vor meinem innern Auge trotzig und zugleich verunsichert im fensterlosen Raum stehen und warten. Sie wartete auf das für sie immer noch Unfassbare.

Sie stand in einer Vorhalle und sah durch die Glasfront hindurch in den hinteren Teil des Raumes. Ich sehe, wie die genau hinschauenden, klar blickenden, kleinen Augen der Jugendlichen die fahrbare Pritsche im Hintergrund fixierten und deren unbewegliche, nicht mehr menschliche Last, die mit einem Leintuch zugedeckt war. Die Stille musste ohrenbetäubend und fast unerträglich gewesen sein. Die Jugendliche wird die Gegenwart des kaum einen Schritt hinter ihr stehenden Pflegers nicht mehr wahrgenommen haben. Der fensterlose Raum, eingelassen im Untergeschoss, im Grund und Boden von Basel, im Kies, dem einstigen umfassenderen Flussbett des Rheins in geologischer Vorzeit. Vielleicht hörte sie zuerst hinter der noch verschlossenen Schwenktür das rollende Geräusch der Pritsche und die Schritte, die näher kamen.

Die Türflügel öffneten sich von beiden Seiten langsam zur Mitte hin, und sie sah die Pritsche und dann dahinter den Mann im weissen Kittel. Er sah sie kaum an, blickte zu Boden. Eine unangenehme Situation, die nicht viel Worte und keine Rituale zuliess. Er blieb vor ihr stehen und begrüsste sie, indem er mit dem Kopf leicht nickte, ohne seine Hände von der Stossstange zu nehmen.

Dann trat er einen halben Schritt vor, um ohne Hast und in einem Zug die schneeweisse Decke zur Hälfte zurückzuschlagen. Dabei kam er mit seinem Rücken vor die junge Frau zu stehen. Als er wieder zur Seite trat, war der Körper auf der Pritsche bis zum Bauchnabel freigelegt.

Er wirkte gelb, merkwürdig gelb. Sie erkannte ihn sofort, ohne ihm ins Gesicht zu sehen. Ich stelle mir vor, dass ihre Augen auf die geschwungenen grau-grünen Linien des Drachen gerichtet waren, der in den Oberarm des Toten tätowiert war. Der Tote wirkte fremd auf sie. Trotzdem erkannte sie ihn. Den Leichnam. Sie mag es nicht über sich gebracht haben, ihm ins Gesicht zu sehen. Sie zögerte auch dieses letzte Mal. Dieser Körper war eine Abwesenheit wie ein Grabmal. Ihr Blick blieb die ganze, nicht mehr messbare Zeit über auf sein Tattoo fixiert. Sie wusste, dass sein Blick gebrochen war, und trotzdem scheute sie sich, ihm ins Gesicht zu blicken. Es war mit ihm und mit seinem Kopf etwas Schreckliches geschehen. Das wusste sie. Das ist in Arditas Krankengeschichte vermerkt. So weit war sie orientiert.

Als sie es endlich wagte, sein Gesicht zu betrachten, wird ihr Blick auf zwei kleine Verletzungen am Hals und auf mehrere in der Wange, die ihr zugewandt war, gefallen sein. Sie sieht nirgends einen Tropfen Blut. Die Verletzungen sind im Autopsiebericht in Wort und fotografischem Bild festgehalten. Aber welch entsetzlicher Ernst und welches Schweigen von diesem Körper ausgingen, ist darin nicht vermerkt. Das ist bei allen Toten so. Ardita sah zum ersten Mal einen Toten. Ihn. Seine Abwesenheit. Was von ihm übrig geblieben war. Wie ein Blitz musste die Vorstellung sie durchzuckt haben: «Das ist das Geschenk meiner Mutter an mich, unabwendbar und endgültig vor mich hingestellt!» Sie fühlte sich gezwungen, es anzunehmen. Mama hatte ihn so, wie er nun vor ihr lag, unwiederbringlich vor sie hingeknallt. Das alles, was sie nun vor sich liegen sah, war unabänderlich und begrenzte in ihr den Ekel vor dem widerwärtigen Tod.

Der Arzt wartete eine Zeit neben der Pritsche und fasste die Jugendliche ins Auge. Dann sagte er zu ihr: «Sie können mit ihm sprechen.»

«Wieso soll ich mit dem sprechen? Er ist das grösste Arschloch, dem ich je begegnet bin!», brach es aus ihr heraus.

Um diesen Wortwechsel, den sie mir mitteilte, rankt sich meine Vorstellung von der Situation in der Leichenhalle. Sie antwortete dem Arzt so, wie sie es fühlte, nach fünf Monaten der vollständigen Isolation und Gefangenschaft im Bett ihres gewaltigen und gewalttätigen Meisters und nach dem Abscheu erregenden Anblick des Toten. Sie sagte es in den Worten, die sie in den zehn Jahren, seit sie in der Schweiz ist, zu sprechen gelernt hat. Und die Worte kamen aus jenem ihr bisher fremden Gefühl heraus, das in ihr langsam zu wachsen begonnen hatte, während sie seiner mächtigen und ausschliesslichen «Obhut» unterstand, allein gelassen und ausgeliefert war an die unabwendbare Nähe und Intimität ihres Liebhabers.

Während sie an der Pritsche stand, musste ihre stete Angst vor ihm gewichen sein. Sonst hätte sie diese Worte nicht zum Toten oder über den Toten hinweg sagen können. Ein neu aufbrechendes Gefühl entflammte in ihr und umzüngelte ihre Mundwinkel mit einer unaussprechlichen Bewegung, die weder Lächeln noch unterdrücktes Weinen war. Aus diesem Zucken ihrer Mundwinkel lösten sich die beiden elenden, sieghaften Sätze, die sie dem Totenführer als Antwort gab. Sie sah ihre letzte Spanne Zeit mit Zeqir, den langsamen Fluss unzähliger Augenblicke, Tage, Wochen und schliesslich

Monate ihrer «Ehe» im Spiegel ihrer Erinnerungen, die sie mir an jenem Morgen erzählte, als ich vor ihr sass und ihr zuhörte. Die Spuren ihrer Emotionen von damals umspielten noch immer ihre Gesichtszüge, während sie mit mir von damals sprach. Und sie sagten mehr als tausend Worte.

Ich begriff, dass die Zeit, die sie mit ihm zusammen war, in ihr zu einer schmerzhaften Masse an Erinnerungen zusammengeschrumpft war. Sie fühlte, wie ihr Zeitgefühl noch immer gestört war. Sie bekam ihr bisheriges Leben nicht mehr auf die Reihe. Es fiel ihr schwer, die Ereignisse der vergangenen Monate und der letzten Stunden in einen sinnvollen, einleuchtenden Zusammenhang zu bringen oder doch wenigstens in eine genaue zeitliche Abfolge einzureihen.

Das Gefühl, seiner unbegrenzbaren Machtlust ausgeliefert und völlig isoliert zu sein, hatte ihre Lebensfreude und schliesslich ihre Lebenskraft von Tag zu Tag mehr gelähmt, seit sie nach ihrer Hochzeit in seine Wohnung an der Jägerstrasse 4 in Basel gezogen war. Die Eineinhalbzimmerwohnung im zweiten Stock lag nahe dem Badischen Bahnhof.

Schaute sie seitlich in Richtung Norden zum Fenster hinaus, so konnte sie die stillgelegten Geleise des alten Güterbahnhofs und die verwahrlosten Lagerschuppen mit den vom Russ und Schmutz geschwärzten hohen Backsteinwänden sehen. Im Morgengrauen wurde sie meist vom Quietschen, dumpfen Rumpeln und metallischen Getöse der im Rangieren aneinander stossenden Güterzüge geweckt. In Richtung Süden verstellte die Beton-Fassade des Industrie-Komplexes, der zu einer der grossen Chemiefirmen der Stadt gehört, jede Weitsicht. Durch die verschattete Strasse wälzte sich jeden Morgen und jeden Abend der lärmende und stinkende Verkehrsstrom, der sich zwischen dem Bahnhofgelände und der Messe Basel hindurchzwängte. Einen gewissen Ausgleich brachte das Schlafzimmer, dessen Fenster in östlicher Richtung einen Ausblick auf einen lang gezogenen begrünten Binnenhof mit Kinderspielplätzen boten.

Diese kleine Wohnung verkam in ihrer Erinnerung, als sie in der Psychiatrie war, zu einer Art Dunkelkammer, zu ihrem Gefängnis und Verliess. Jedes Mal, wenn er wegging, schloss er sie ein. Um sechs Uhr früh ging er zur Arbeit und drehte den Schlüssel und liess sie allein in der abgeschlossenen Wohnung zurück. Die Wohnungstür war von ihm eigens mit Riegel und Vorhängeschloss von aussen gesichert worden.

Allein gelassen stellte sie sich vor, wie sie sich im Katastrophenfall verhalten würde. Wäre Feuer ausgebrochen, wäre sie über die Balkone nach unten geflüchtet, vom zweiten Stock wäre dies möglich, erklärte sie mir. Sie blieb den ganzen Tag eingeschlossen, bis er nach dem Feierabend zurückkehrte. Das war oft erst zwölf Stunden später, nach sechs Uhr abends. Bis dann hatte sie etwas gekocht mit den gemeinsam besorgten Einkäufen oder mit dem Gemüse und den Frischwaren, die er nach seinen häufigen Besuchen bei seiner Schwester Mirlinda nach Hause brachte.

Diese wohnte in der gleichen Stadt auf der gegenüberliegenden Seite des Rheins. Er liess Ardita nur allein, wenn er sie zuvor in der Wohnung wie ein Tier eingeschlossen hatte. Mit der Zeit wehrte sie sich nicht mehr dagegen, weil sie realisiert hatte, dass Widerstand nur zu Streiteren führte und zu Schmerz. Zeqir gab nie nach. Er hatte einen starken, unbeugsamen Willen. Jeder Widerstand von Ardita forderte seine Kraft und seine Macht geradezu heraus.

Sie erzählte mir, wie er sie manchmal auch nachts verliess, nicht ohne sie vorher wiederum sicher in seiner Wohnung eingeschlossen zu haben. Er gehe nach Bern, erklärte er ihr.

«Was machst du in Bern?»

«Was soll ich schon machen? Was geht das dich an? Ich kann machen, was ich will. Kümmere dich um deine eigenen Sachen!»

Oder er sagte ihr, er treffe in Bern Kollegen, weil er früher einmal dort gewohnt hätte.

Sie hatte kein Handy; die Wohnung war ohne Telefonanschluss. Sein Handy trug er immer auf sich.

«Und hat es nie vergessen?», fragte ich Ardita.

«Doch, einmal!»

Sie wählte sogleich die Telefonnummer des Restaurants, das ihr Vater führte. Doch bevor jemand antwortete, hörte sie Zeqir zurückkehren, und es gelang ihr gerade noch, die Verbindung abzubrechen und das Handy unbemerkt dorthin zurückzulegen, von wo sie es vor wenigen Augenblicken genommen hatte. Sie hatte Glück gehabt.

Ardita erlebte Zeqir als krankhaft eifersüchtig. Jeden Körperkontakt, selbst den zu ihren Verwandten, verfolgte Zeqir argwöhnisch: «Wieso hast du Ismail umarmt?» Ihren Cousin Ismail mochte sie gut. «Wieso redest du mit meinem Bruder?» Es war schon zu viel, dass sie mit seinem älteren Bruder Latif redete, wenn er bei ihnen auf Besuch war. Denn von ihm erfuhr sie, dass ihre Mutter, aber auch ihr Vater in grosser Sorge um sie seien und dass sie verlangten, Ardita unbedingt zu sehen. Möglicherweise hatten sie von ihrem Schicksal erfahren oder ahnten es. Ardita wusste nichts, überhaupt nichts, was ausserhalb ihrer Wohnung vorging.

Zeqir verlangte von ihr, dass sie ihre Familie auch innerlich verleugnete, dass sie vor ihm mit Hass über ihre Eltern und ihre Geschwister sprach. Als er dahinter kam, dass sein Bruder Latif ihr gesagt hatte, dass ihre Eltern sie vermissten und sich Sorgen um sie machten, befahl er: «Gib endlich zu, dass deine Eltern uns nur auseinander bringen wollen. Sag, dass deine Mutter ein Arschloch ist, ein Arschloch! Sag, meine Mutter ist ein Arschloch! Sag es!» Erst als sie es schliesslich wirklich selbst gesagt hatte, liess er sie endlich wieder für eine gewisse Zeit in Ruhe.

Selbst wenn sie mit Zeqirs Schwester Mirlinda vertraulich sprach, gab das Ärger und entfachte seine allgegenwärtige Eifersucht und seinen Besitzwillen ihr gegenüber.

Ihre Eltern hatte sie seit ihrer Trauung nur zwei oder drei Mal gesehen. Bei diesen seltenen Treffen mit Ardita war Zeqir immer zugegen und überwachte argwöhnisch jedes Wort, jede Geste und jede ihrer Bewegungen und die von ihren Angehörigen. Vor und nach diesen Besuchen untersuchte er ihre Kleider und tastete sie ab wie ein argwöhnisch gewordener Zöllner, um nachzuprüfen, ob sie irgendeine Mitteilung oder einen Gegenstand zugesteckt erhalten hätte; vielleicht vermutete er ein Handy oder eine Waffe. Wer weiss, was er in seiner Herrschsucht alles befürchtete.

Zu Beginn ihrer Beziehung arbeitete Ardita als Lehrling im SaharaShop in Basel. Ihre Arbeit dort erklärte sie mir so: «Weißt du, wenn Leute alt sind und sterben, verkaufen wir ihre Kleider weiter. Zeqir hat Streit mit meiner Lehrmeisterin gemacht. Mir gesagt, ich solle daheim bleiben und so. Er hat sich immer eingemischt und Krieg gemacht. Ich habe Kündigung bekommen und bin nicht mehr arbeiten gegangen.»

Ardita fragte sich oft, ob ihre Freundinnen, mit denen sie früher die Discos in Basel oder – bis in die frühen Morgenstunden hinein – in der badischen Nachbarschaft besucht hatte, sie wohl schon vergessen hatten.

Dass Zeqir seine Ardita von der Aussenwelt abschirmte, ihr jeden unbeaufsichtigten Verkehr selbst mit ihren Eltern und Geschwistern verbot und jeden Kontakt mit der Aussenwelt kontrollierte und überwachte, hatte gemäss Arditas Erzählung seinen guten, wenn auch lange Zeit geheimen Grund. Alles kam aus seiner Angst, Arditas Eltern könnten von seinem Gewaltrausch erfahren und seinem Treiben ein Ende setzen, schlussendlich sogar mit Hilfe der Fremdenpolizei. Zeqir war Asylant gewesen und hatte erst seit kurzem eine B-Aufenthaltsbewilligung auf Zeit erhalten. Zeqir fürchtete nichts so sehr wie die Fremdenpolizei. Würde es bekannt werden, dass er seine Frau, die noch keine 18 Jahre war, misshandelte, könnte das zu einem Strafverfahren, zu Landesverweis und Ausschaffung nach Serbien-Montenegro führen. Was ein Strafverfahren ist, wusste er. Seine Angst entsprang seinem Schuldgefühl. Zudem waren seine Stellung und sein Aufenthaltsrecht als Ausländer in der Schweiz unsicher.

Dass er Ardita am Reden hinderte und sie isolierte, hatte also einen ganz praktischen und für ihn existenziellen Grund: Er misshandelte seine Frau. Wenn er sie schlug, so schrie sie vor Schmerz. Sie schrie laut. Sie hoffte, ein Nachbar, vielleicht ein Passant unten auf der Strasse, irgendjemand würde sie hören. «Niemand hat mich gehört. – Doch, bestimmt hat man mich gehört.» Aber niemand wollte sich Schwierigkeiten mit Zeqir einhandeln. Er war sehr kräftig, hatte früher nach Wissen von Ardita Bodybuilding betrieben und gab sich um drei Jahre jünger aus, als er tatsächlich war. Er war 1 m 85 gross, ein starker Mann, Handlanger eines Dachdeckers und Gelegenheitsarbeiter. So schilderte Ardita mir ihren Zeqir.

Damals fragte sie ihn: «Wieso schlägst du mich? Hast du Lust, das zu tun, oder was?» Was seine Schläge und seine Gewalttätigkeit in ihrer Seele bewirkten, die Angst und die Trübung ihrer Lebenskraft, konnte sie nie in Worte fassen. Ihr Selbstbildnis war zerstört, der Spiegel ihrer Seele war trüb geworden. Drei Jahre später brach bei ihr eine schwere, seltene Stoffwechselkrankheit aus.

Als ich mit Ardita sprach, lag die Geschichte fast fünf Jahre hinter ihr. Sie sagte zu mir: «Ich hatte zu jener Zeit Angst, mich im Spiegel anzusehen.» Sie hatte Angst vor ihrem eigenen Spiegelbild, vielleicht auch vor der Person, die im Spiegel unsichtbar hinter ihr stand. Ihr eigener Körper, dem solche Schmerzen zugefügt werden konnten, dieses verletzliche Instrument, das sie nicht schützen konnte, war zur Quelle ihrer Angst geworden. Sie konnte es nicht ertragen, sich anzuschauen.

Und sie fügte im Gespräch mit mir hinzu: «Ich glaube, so wie andere Zigaretten rauchen, machte es ihm Lust, mich zu schlagen.»

Und sie erzählte mir von seiner wilden Eifersucht. Wenn sie auf der Strasse einen Mann ansah, nannte er sie nachher eine Hure, die mit jedem ins Bett gehe, und suchte Streit und schlug dann zu, mit der Hand, mit der Faust oder mit seinem Ledergurt. Oder er ergriff sie und schlug sie einige Male gegen die Wand, bis sie aus der Nase blutete. Heute sagt sie. «Wieso hat Gott mir Augen gegeben? Zum Schauen, oder? Ich habe die Männer angeschaut. Was soll das?» Sie sagt das mit Nachdruck. Sie verneint, mit anderen Männern je intimen Kontakt gehabt zu haben.

Als sie Zeqir heiratete, war sie noch nicht 17 und noch Jungfrau. Als sie ihn bat, ihr zu erlauben, mit ihren früheren Freundinnen und Kollegen auszugehen, wies er das barsch zurück: «Ich bin dein Mann, ich bin dein Freund. Was brauchst du noch mehr?»

Eines Tages – nachdem sie in der Wohnküche zusammen zu Mittag gegessen hatten – nahm er sie in seinem Auto mit und fuhr auf der Autobahn nach Bern. Er stellte das Auto in die Autoeinstellhalle einer Überbauung und durchschritt selbstverständlich Notausgänge und Schleusen, als sei er hier zu Hause. Dann nahm er seinen Schlüsselbund mit den vielen Schlüsseln und öffnete eine Kellertüre, drängte sie in den Raum und sagte,: «Warte hier! Ich komme gleich wieder.» Dann hörte sie, wie der Schlüssel im Schloss gedreht wurde. Sie wartete zwei, vielleicht auch drei Stunden. Dann holte er sie wieder und führte sie hinaus ins Freie, wo es inzwischen schon dunkel geworden war. Er sagte nicht, was er gemacht hatte. Dass er seine Zeit nicht mit Freunden oder Kollegen zugebracht hatte, war für Ardita klar. Sie einzusperren musste einen triftigeren Grund haben als einen Kameradentreff.

Sie fuhren zurück, ohne miteinander zu sprechen. Rückblickend ist Ardita überzeugt, dass er seine ihm offiziell angetraute Frau in Bern getroffen hatte. Damals ahnte sie noch nicht, dass Zeqir bereits verheiratet war, als er sie kennen lernte.

Wieder zu Hause angekommen, sahen sie fern wie meistens, den ganzen Abend bis tief in die Nacht hinein, stumm und reglos nebeneinander sitzend. Irgendeine kurze Bemerkung von ihr über einen Typen im Fernsehen – Brad Pitt oder Johnny Depp könnte es gewesen sein – reizte seinen Zorn.

Was es an jenem Abend ganz genau war, das den Streit auslöste, weiss sie nicht mehr. Irgendeinen Grund zum Streiten gab es für ihn immer. Vielleicht sagte sie auch, der Fernsehstar sei echt Spitze. Oder wollte sie einfach mit einem menschlichen Laut das Schweigen zwischen ihnen, das ihr unerträglich geworden war, brechen und die Lüge des scheinbar vertraulichen Beieinanderseins entlarven? Wäre es nicht möglich, dass sie wie die Mücke dem Frosch in das aufgesperrte Maul springt, ihn durch diese Bewunderung für andere Männer reizen, ihm zeigen musste, dass es auf dieser Welt ausser ihm noch anderes gab, auch wenn sie wusste, was die Folge sein würde? Er riss sie vom Kanapee und schlug ihr mit der Faust ins Gesicht, und als sie es mit den Händen schützte, warf er sie zu Boden. Sie schrie: «Ich lasse mich scheiden. Ich werde dich verlassen.» Er trat sie mehrmals in die Seiten, ballte seine rechte, starke Faust vor seinem hassverzerrten Gesicht und herrschte sie an: «Wenn du gehst, bist du tot.» Sie blieb ruhig liegen. Er wandte ihr den Rücken zu und knallte die Schlafzimmertüre hinter sich zu, dass die Gläser im Kasten klirrten.

Jetzt fiel ihr wieder ein, wie er ihr vor einigen Tagen in der Wohnung den Revolver vorgezeigt hatte, ihr vorführte, wie man die Waffe entsichert, zielt, den Abzug drückt und dann knackend den Schuss auslösen kann, wie er ihr dann die Waffe in die Hand gegeben hatte und wie kalt sie sich anfühlte. Sie hatte auch zugesehen, wie er anschliessend den Revolver lud und Munition und Revolver in seinem Schrank vor ihr wegschloss.

Es konnte jederzeit etwas passieren, etwas Entsetzliches, Unwiderrufliches, das war die Lehre aus dieser simplen und eindrücklichen Demonstration seiner unüberwindlichen Macht. Den beiden war wohl kaum bewusst, dass der Mann in der Tradition des archaischen Gewohnheitsrechts ihres Heimatlandes Kosovo handelte. Der *Kanun* des Lek Dukagjini bestimmt, dass der Mann, der seine Frau schlägt, nach dem Gesetz nicht in Schuld verfällt. Verlässt hingegen eine Frau den Mann gegen dessen Willen, so ist ihr Leben verwirkt, und sie kann von ihm erschossen werden. Das gebot die männliche Ehre.

Es sollte nicht das einzige Mal bleiben, dass Ardita nach Bern geführt und in den Keller gesperrt wurde, dass Zeqir seine ihm legal angetraute Frau besuchte, während das ihm nach albanischem Hochzeitsritual angetraute und anvertraute Kind der Ajazis im Keller eingeschlossen wartete und einen Apfel verzehrte, den er ihr vor der Abfahrt wortlos zugesteckt hatte. So erzählte mir Ardita ihre Geschichte.

Das ist und bleibt die beschränkte, durch die Kellerwände verdeckte Sicht und Einschätzung der Situation von Ardita. Im Nachhinein sagte sie zu mir: «Wenn man jung ist, macht man schnell eine Dummheit.» Und das klingt so, als hätte das ihr Vater zu ihr gesagt. Vielleicht ist es auch eine väterliche Stimme, die sie nach all dem, was inzwischen passiert ist, mit ihrem inneren Ohr hört und wieder laut werden lässt.

***

Als alles noch rosiger ausgesehen hatte, zu Beginn ihrer Beziehung, als sie eben zu Zeqir in seine Wohnung an der Jägerstrasse gezogen war, liess sie eine Chance ungenutzt verstreichen, ihren Vater über ihre erbärmliche Situation ins Vertrauen zu ziehen. Wäre sie älter und erfahrener gewesen, hätte sie schon damals gewusst, dass das Zusammensein mit dem gewalttätigen Zeqir für sie nur in einer Katastrophe enden konnte, dann hätte sie möglicherweise die Gelegenheit ergriffen und wäre entschlossen aus ihrem Gefängnis ausgebrochen. Aber all das ist leichter gesagt als getan. Das sollte mir erst bewusst werden, nachdem ich mit Zeqirs «richtiger», ihm offiziell angetrauter Frau in Bern gesprochen hatte. Doch davon später.

Die erwähnte Chance hatte sie, kurz nachdem sie bei Zeqir eingezogen war. Dieser erlitt einen merkwürdigen «Autounfall». Er wurde von einem Auto von hinten angefahren, als er auf dem Trottoir ging. Für Ardita blieben die Umstände des Unfalles, der auch eine vorsätzliche Tat des Autofahrers hätte sein können, im Dunkeln. Jedenfalls konnte Zeqir während einer Woche nicht arbeiten. Die Last seiner Schulden wurde dadurch grösser. Ihr gegenüber verheimlichte er seine finanzielle Situation.

Sie hatte indessen aus seinen Gesprächen mit Kollegen herausgehört, dass er Schulden hatte, dass es um Geld ging. Das war eine Gelegenheit für Ardita, ihm zu helfen. Immer schon hatte sie ihm helfen wollen. Es ist vorstellbar, dass sie sich dadurch für ihn unentbehrlich machen und ihre Situation ihm gegenüber verbessern wollte. Bisher hatte er ihre früheren Versuche, ihm behilflich zu sein, stets brüsk zurückgewiesen. Er wollte von ihr keinesfalls irgendeine Hilfe annehmen. Das war für ihn Ehrensache. Sich von der Frau helfen zu lassen hätte seinen Stolz verletzt. Diesmal aber war er auf sie angewiesen. Sie bat somit ihren Vater, der ein Restaurant auf dem Bruderholz führte, mit Zeqirs Einverständnis um finanzielle Hilfe.

Ihr zuliebe war der Vater bereit, eine grosse Summe an Zeqir zu zahlen, viertausend Franken. Er brachte das Geld in bar in ihre Wohnung. Kurz bevor ihr Vater kam, hatte Zeqir die Wohnung verlassen und kam erst zurück, als ihr Vater wieder gegangen war. Er versteckte sich im Treppenhaus, weil er ihrem Vater nicht beggnen wollte. Er konnte die Hilfe nicht direkt annehmen. Ardita brachte es nicht über sich, mit dem Vater über ihren Zustand zu sprechen und ihn dadurch noch mehr zu belasten. Es blieb ihr auch wenig Zeit dazu, ohne bei Zeqir Argwohn zu schüren. Es wäre möglich, dass ihr Vater ahnte, wie es ihr wirklich ging, hinter der Maske aus Schminke und den Alltagsfloskeln, dass alles okay sei, dass sie glücklich sei mit Zeqir. Wenn sie damals schon gewusst hätte, wohin das alles führen sollte, dass er sie immer wieder erniedrigen, mit Schlägen traktieren und sie schliesslich völlig isolieren würde, dann hätte sie sich vielleicht ihrem Vater damals anvertraut, wäre wieder wie als kleines

Kind in seine Arme geflüchtet. Vielleicht hätte sie dann auf den Schein ihres Erwachsenseins verzichtet. Dass Zeqir als ihre grosse Liebe galt, daran wollte sie unvernünftig lange festhalten, gerade gegenüber ihren Eltern. Die einmalige Chance, sich ihrem Vater anzuvertrauen, war für sie zu früh gekommen.

Und was gab es Schlimmeres für eine albanische Frau, als ihrem Mann davonzulaufen? Verlangte nicht der *Kanun*, der jahrhundertealte Gesetzeskodex von Albaniens Hochland, dass der Brautvater seinem Schwiegersohn die «Mitgiftpatrone» zustecken musste, damit es diesem leichter fiele, seine Frau zu töten, wenn sie von ihm wegzulaufen versuchte?

Zwar lehnten Arditas Eltern Zeqir ab, als sie erfuhren, dass er sie nicht nur über sein Alter, vielmehr über weit Wesentlicheres und Schlimmeres getäuscht hatte. Aber all das stellte sich erst später heraus.

Arditas Mutter war von Anfang an gegen ihre Verbindung. Das wiederum trieb Ardita erst recht in die Beziehung mit Zeqir hinein. Das waren in ihren Augen Vorurteile einer von der Zeit längst überholten Generation. Aber wer kann wissen, ob die patriarchalisch-todessüchtigen Gedanken des *Kanun* sich nicht tief und unbewusst im Machogehabe von Zeqir und in den verunsicherten Seelen der Familie Ajazi eingenistet hatten?

Zeqir war erfahren, Zeqir war stark wie Arditas Vater, Zeqir war selbstbewusst, Zeqir gefiel ihr, sie war in ihn verliebt. Daran konnte auch ihre ältere, bereits verheiratete Schwester Vaxhide nichts ändern. Auch sie erschrak, als sie erfuhr, dass jener Zeqir, der um Ardita warb, der Gleiche war, den sie bereits früher durch ihren eigenen Mann kennen gelernt hatte: «Er war nicht der Typ, der okay ist. Er ist nicht sauber! Das sagte mir ein Gefühl im Bauch», sagte mir einige Tage darauf Vaxhide, ihre ältere Schwester, und legte ihre starke Hand auf ihren Leib.

Die Geschichte zwischen Ardita und Zeqir, die zum Drama führte, hatte an einem warmen Tag im Juni begonnen, falls eine Geschichte überhaupt einen bestimmbaren Beginn hat. An jenem Nachmittag sass Ardita mit ihrer Clique auf dem Rasen des Kannenfeld-Parks. Sie hatten ein Picknicktuch ausgebreitet, schwatzten und lärmten übermütig im Kreis sitzend. Einige hatten ihren Walkman umgehängt und den Kopfhörer in einem Ohr eingestöpselt, mit dem anderen Ohr folgten auch sie dem munteren Gang der Gespräche und der Ausrufe, die übergangslos bald auf Schweizerdeutsch, bald auf Albanisch hin und her gingen. Sie sprachen über die heissesten Discos der Stadt und der Umgebung und über die coolsten Typen, die dort verkehrten, und tauschten Vertraulichkeiten aus über ihre Erfahrungen mit gemeinsamen Bekannten oder erzählten sich ihre Erlebnisse mit Freund oder Freundin. Es wurde gelästert und gelacht.

Da brachte Astrit, der später kam und den sie kannten, einen Neuen, den Zeqir mit. Er bat den Jungen zu seiner Rechten um Feuer, neigte sich leicht vor, als es ihm angeboten wurde, zog an seiner Zigarette und sah herausfordernd in die Runde, die sich um ihn herum gebildet hatte. Er stand im Gegenlicht der abendlichen Sonne, die durch die Zweige und Blätter der alten Bäume des Parks ihr starkes, warmes Licht verbreitete, und er fasste Ardita ins Auge. Sie sprachen von den Kirschen, die nun schon reif waren und verlockend an den Bäumen in der Umgebung hingen. «Wer kommt mit?», fragte er die anderen, immer Ardita im Auge.

«Ich komme schon», sagte der 15-jährige Smajl. «Und du?», fragte Zeqir geradeheraus Ardita. Diese lächelte vor sich hin.

«Kirschen frisch vom Baum schmecken besonders gut – und sind günstig!», sagte er aufmunternd und lachte mit seinen weissen Zähnen in die Runde und sah wieder zu Ardita.

Ardita entgegnete: «Ich kenn dich nicht. Ich gehe mit niemandem, den ich nicht kenne.»

Sie sah, dass er wesentlich älter war als sie. Aber er hatte mit sicherem Instinkt gespürt, dass dieses Nein ein Ja zu ihm verbarg.

«Dann kannst du mich jetzt kennen lernen. Das ist die Gelegenheit. Oder hast du etwa Schiss?»

Er wandte sich um und spickte die noch lange nicht zu Ende gerauchte Zigarette in die Luft.

«Kein Schiss. Es ist spät», sagte Ardita. Er drehte den Kopf und höhnte fröhlich: «Spät! Spät! Ich habe den Wagen dabei.»

Die andern liessen ein bewunderndes «Wow» ertönen; sie erkannten, dass es zwischen den beiden zu knistern begann.

Zeqir ging voran, gefolgt von Smajl und von Ardita, die Zeqir sogleich eingeholt hatte und nun neben ihm ging. Die anderen lachten und nahmen ihre Unterhaltung von vorhin wieder auf, als wäre in der Zwischenzeit überhaupt niemand zur Gruppe dazugekommen oder wieder von ihnen weggegangen. Smajl folgte den beiden bis zu Zeqirs grauem Honda, verabschiedete sich von ihnen, während Ardita sich stolz neben Zeqir ins Auto setzte. Sie durchquerten die Stadt. Zeqir wusste, dass in Riehen auf einem einsamen Feld vor dem Bettingerwald alte, hochstämmige Kirschbäume stehen. Das Wertvollste an diesen Kirschen war das Pflücken. Dafür gab es für die wenigen Landwirte in Stadtnähe nahezu keine Hilfskräfte. Aber das war für die beiden Kirschendiebe kein Problem.

Sie pflückten die prallen Früchte von den tiefer hängenden Ästen der Bäume selbst. In der Ferne hörten sie einen Hund bellen und lächelten einander verloren zu. Und bald liessen sie sich eng nebeneinander liegend im knietiefen Gras unter den Bäumen nieder. Die Zeit verging rasch. Als sie wieder weggingen, hinterliessen sie in der Wiese eine Mulde, als wäre dort ein Tier gelegen oder als hätte ein plötzlich einfallender Wirbelwind die hoch stehenden Gräser eingedrückt.

Von da an waren die zwei ein Paar.

Nach einer Woche sagte Ardita zu Zeqir: «Die Sache mit mir ist ernst, du musst mich heiraten.»

«Ja. Ich werde um dich werben. Kamer wird bei deinem Vater für mich werben. Er ist mein Brautwerber.»

So ist es Brauch in Albanien.

Ardita war überglücklich.

Am 3. Juli, einen Monat nachdem sie sich kennen gelernt hatten, feierten sie ihre Verlobung mit ihren gemeinsamen Freunden. Zeqir stammte aus Mollopolc und hatte sieben Geschwister. Seine Schwester Mirlinda wohnte ebenfalls in Basel und sein ältester Bruder Latif in Liestal, dem Hauptort des angrenzenden Landkantons. Beim Einführungsgespräch mit Arditas Vater tauchten einige Fragen auf, die Kamer nicht recht beantworten konnte oder wollte. Wo wohnt Zeqir jetzt? Wieso offiziell in Bern? Wegen der B-Bewilligung für Ausländer ist es immer gefährlich, den Kanton zu wechseln.

Nein, verheiratet sei er nicht, versicherte Kamer. Nein, auch keine Schulden. 24 Jahre alt sei er und arbeite, ja er arbeite immer, er sei okay. Er gibt sein Ehrenwort für Zeqir. Er sei sein Freund.

Die Mutter war gegen die Verlobung und erst recht gegen die Hochzeit und sprach das auch sowohl gegenüber Ardita wie gegenüber Zeqir offen aus. Ein festes Verhältnis ihrer Tochter zu einem wesentlich älteren Mann[2] gefiel ihr überhaupt nicht. Es war ihr wichtig, dass Ardita vor ihrer Hochzeit ihre Berufslehre als Verkäuferin abschloss. Sie verkündete ihrer Familie zudem, Zeqir gefalle ihr gar nicht. Sie hatte ihn einige Male kurz gesehen und ihn sofort abgelehnt mit dem mütterlichen Instinkt, der Ardita in Rage brachte und sie in den Trotz trieb.

Die beiden Verliebten verbrachten von nun an ihre ganze Freizeit miteinander. Ardita besuchte weiterhin ihre Berufsschule und wohnte wie bisher bei ihren Eltern und Geschwistern. Die Hochzeit nach albanischem Ritus wurde auf Anfang November des gleichen Jahres festgesetzt. Zu diesem Zeitpunkt war eine zivilrechtliche Heirat schon wegen des Alters von Ardita, die noch nicht mündig war, ausgeschlossen. Bis dahin ging alles scheinbar mehr oder weniger gut.

Viel erzählte Ardita zu Hause ohnehin nicht. Der Vater war bis spät in die Nacht im Restaurant tätig. Die Mutter putzte stundenweise im Modehaus «Pfauen» und zuletzt noch im Jugendtreffpunkt St. Johann und in der Alternativ-Beiz «Kaffi Schlappe» auf dem ehemaligen Kasernenareal. Ardita hatte zudem für ihren kleinen Bruder und ihre jüngere Schwester zu sorgen, die beide noch zur Schule gingen. Da blieb nicht viel Zeit zu Gesprächen und Gemeinsamkeit, weder mit Vater noch mit Mutter.

Ardita war es recht so. Sie war frei und hatte nun einen erwachsenen und bärenstarken Lover, der bei ihrem Vater durch Kamer förmlich um ihre Hand angehalten hatte und von ihm akzeptiert worden war. So verging ein halbes Jahr.

***

Am Abend vor dem Tag, der alles anders machte, der Zeqir den Tod brachte und ihr und ihrer Familie Schuld und Leid, sagte Zeqir zu Ardita: «Hier ist das Ticket. Du fliegst morgen zu meiner Familie nach Pristina. Mein Bruder Muharrem wird dich am Flughafen abholen. Ich habe hier etwas zu erledigen. Ich werde nachkommen.» Am Morgen des 18. April 2000 fuhr er sie zum Flughafen Zürich-Kloten und winkte ihr ein letztes Mal. Seit Beginn ihrer Bekanntschaft war noch kein Jahr verflossen. Die Kirschbäume in der Gegend um Basel standen in voller Blüte. Noch kaum ein Blütenblatt war zu Boden gefallen. Es war nicht vorstellbar, dass innerhalb weniger Tage ein Blütenblatt nach dem anderen niederfallen und ihre gemeinsame Zeit bereits ausgemessen sein würde. Der Himmel blieb den ganzen Morgen bedeckt, die Sonne liess sich nicht blicken. Die Sicht war weit und klar. An jenem verhängnisvollen Tag war Zeqir in seiner Art unverändert, so wie er immer war. Nichts deutete auf die kommende Katastrophe hin.

Er sagte zu Ardita: «Mach nicht ein solches Gesicht!»

Sie wusste nicht, was für ein Gesicht sie machte. Sie fragte nicht, was er an diesem Tag noch zu erledigen vorhatte, weil das nur zu Streit und Demütigung geführt hätte. Zu schweigen hatte sie bei Zeqir gründlich gelernt. Sie war folgsam geworden. Was er wollte, was er tun musste, das tat er auch. Es gab keinen Spielraum zwischen dem, was andere wollten, und dem, was er sich in den Kopf gesetzt hatte, schon gar nicht für sie, die kleine, feingliedrige Ardita. Sie glaubt rückblickend, sie habe schon damals intuitiv den Eindruck gehabt, er habe etwas mit ihren Eltern zu regeln oder abzurechnen. War er es, der mit ihrer Mutter abrechnen wollte? Und auf welche Weise wollte er dies tun? Sie wird nie Genaueres darüber erfahren, was er an diesem Tag zu tun vorhatte. Um die Mittagsstunde starb Zeqir. Seinen Namen nimmt sie heute nicht mehr in den Mund.

Auf dem Flughafen von Pristina wurde sie von Zeqirs Bruder Muharrem, der dort mit seinen Eltern zusammen lebte, abgeholt. Sie kannte die Familie von Zeqir von einem früheren Besuch in Pristina. Damals war sie in Begleitung von Zeqir.

Am Nachmittag kamen zwei Anrufe aus der Schweiz: ein Telefonanruf von Latif, Zeqirs Bruder, und wenig später einer seiner Schwester Mirlinda. Zeqirs Vater nahm beide Anrufe entgegen. Er sagte am Telefon fast nichts. Nach dem ersten Gespräch teilte er Ardita mit, Zeqir sei vom Gerüst gestürzt. Als er das Telefon zum zweiten Mal auflegte, war er kreideweiss im Gesicht. Zeqir sei im Spital, es sei auf ihn geschossen worden, er sei tot.

Ardita schrie: «Nein, das ist nicht wahr!»

Zwei Stunden später traf ein Telefonanruf aus Basel für sie ein. Die Kriminalpolizei von Basel-Stadt. Sie solle sofort mit dem nächsten Flug heimkommen.

Wo ist Zeqir jetzt? Wer hat auf ihn geschossen? Auf ihre Fragen bekommt sie keine Antwort, ausser der, sie werde schon sehen. Sofort packte sie ihre sieben Sachen, überstürzt reiste sie ab. Sie hatte nicht den Eindruck, dass Zeqirs Familie gegen sie feindlich gestimmt war.

Kaum hatte sie auf dem Flughafen Bâle-Mulhouse die Passkontrolle überschritten, sah sie die Zivilpolizisten, die sie ins Auge fassten, auf sie zukamen und sie festnahmen.

Ihre Reise nach Pristina und zurück hatte kaum mehr als einen Tag gedauert, und doch war alles anders, als sie das Territorium der schweizerischen Eidgenossenschaft wieder betrat. Jetzt war sie allein und auf sich selbst gestellt. Jetzt war sie erwachsen.

Direkt zur Staatsanwaltschaft gebracht, wurde Ardita unverzüglich von zwei Kriminalbeamten befragt und bedrängt, endlich zu sagen, was passiert sei und was sie über das Gewaltverbrechen in Basel wisse. Sie wusste nichts. Weder der Kommissar, der «auf freundlich machte» und ihr einen Kaffee zu trinken gab, während der andere wegging, noch jener, der «auf grob machte», glaubten es ihr. Als sie die Nerven verlor und zu schreien begann, sagte ihr «der Grobian», dass ihre Mutter Zeqir erschossen hätte, aus nächster Nähe mit sieben Schüssen. Das hätte eindeutig mit ihr zu tun.

Sie konnte es nicht fassen und erlitt einen Schock. Sie begann am ganzen Leib zu zittern, war nicht mehr ansprechbar, wippte unaufhörlich mit ihrem Oberkörper gegen die Lehne des Stuhls und begann durchdringend und lang gezogen «Nein!» zu schreien. Sie wurde in eine Zelle gesteckt und noch am gleichen Tag in die geschlossene Abteilung des Psychiatrie-Spitals Friedmatt gebracht. Diese Institution liegt am nordwestlichen Rand der Stadt neben der Kehrichtverbrennungsanstalt, wo sich die Rheinebene gegen den Flughafen Bâle-Mulhouse auszubreiten beginnt.

Eine ganze Woche hat sie in der geschlossenen Abteilung R 4 dieses Spitals zugebracht. In die Gerichtsmedizin musste sie schliesslich gebracht werden, weil sie es auch nach sieben Tagen Klinikaufenthalt und medikamentöser Behandlung noch immer nicht fassen konnte, dass ihr Mann tatsächlich tot war, erschossen von ihrer Mutter. Da entschloss sich der Rechtsmedizinische Dienst in Absprache mit der Klinikleitung, Ardita in Begleitung eines kräftigen Psychiatriepflegers den Abschied von ihrem toten Mann in der Vorhalle des Sezierraumes zu ermöglichen. Das sollte zur schnelleren Heilung ihres labilen Gemütszustandes und zur besseren Verarbeitung ihres seelischen Traumas, das sie durch Zeqirs Tötung erlitten hatte, beitragen.

Ihr Feind, ihr Peiniger, ihre grosse Liebe war tot. Er war tatsächlich tot. Das war nun eine Tatsache, eine «Totsache». Jetzt wurde es ihr endlich klar. Daran konnte sie sich orientieren.

Selbst nach bald fünf Jahren konnte sie noch immer sagen: «Ich bin froh, dass er gestorben ist. Ich lebte bei ihm wie im Gefängnis.» Weiss sie nicht, dass sie schlimmer gelebt hat als in einem Gefängnis? Vielleicht vegetiert jemand so in einem Hochsicherheitstrakt, vielleicht ist eine entführte Person in ähnlicher Weise von Angst und Ungewissheit gepeinigt. Sie war noch nicht 17-jährig von ihrem Mann, ihrer ersten Liebe, in das Gefängnis ihrer gemeinsamen Wohnung im zweiten Stock an der Jägerstrasse verschleppt worden. In ihrer eigenen Stadt, in der Wahlheimat ihrer Eltern, war sie entführt worden in das Bett ihres Liebsten, ihres furchtbarsten Feindes.

Sie konnte sich nicht befreien und keinen Kontakt zu irgendeinem Menschen herstellen. Erst ihre Mutter hatte sie mit sechs gezielten Schüssen in Kopf und Oberkörper von Zeqir befreit. Die Mutter war «erfolgreich» zur Tat geschritten, wurde juristisch gesprochen zur «Täterin». Nie hätte Ardita ihre Mutter für fähig gehalten, so etwas zu tun.

***

So erlebte ich im November 2004 Arditas Situation, die sie mir bis in die Einzelheiten nahe brachte. Und das nicht nur mit ihren einfachen, zu Herzen gehenden Worten. Während unseres Gesprächs spiegelten sich auf ihrem Gesicht noch immer ihre Emotionen von damals wie Lichtreflexe, die sich auf der von einem Windhauch bewegten Fläche eines Sees bilden.

Hinter einer dünnen Schicht jugendlicher Unbekümmertheit und Zuversicht ahnte ich ein vorsichtiges Vortasten und eine fast gläserne Zerbrechlichkeit ihres Wesens. Ich bin überzeugt, was sie mir damals in ihrer Wohnung erzählte, hatte sie aus ihrem Herzen heraus geholt. Es existierte nicht nur in ihrem Kopf. Sie sagte es nicht, um bei mir als Zuhörer eine bestimmte Wirkung zu erzielen. Und trotzdem ist mir klar, dass ich nur die einzig mir bestimmte Erzählung hörte.

So wie wir selbst nie unverändert sind, sondern immer auch in Beziehung zu anderen treten und deshalb nie ganz gleich bleiben, so schuf ich in meiner Gesprächspartnerin durch meine Gegenwart einen Resonanzraum, in den hinein sie sich getraute, ihre Geschichte zu erzählen.

Ich habe das einzig mir Zugedachte und für mich Vernehmbare aufgenommen und gebe es jetzt an dieser Stelle weiter. Ob sich das nicht immer so verhält, auch wenn wir nicht daran denken oder es wegen des offiziellen Etiketts, mit dem die Aussage markiert ist, nicht für möglich halten, in den Nuancen Einmaliges und stets Wechselhaftes zu erfahren? Und wenn ich Ardita als Person einschätzen will, so wird mir klar, dass ihr Wesen ebenso in dem enthalten ist, was sie mit ihrer Erzählung nicht offen legen konnte oder wollte.

Durch den Bericht des Wissenschaftlichen Dienstes der Stadtpolizei Zürich, die für die ganze Schweiz tätig ist, durch das gerichtsmedizinische Gutachten des Instituts für Rechtsmedizin des Kantons Basel-Stadt mit Spurensicherungsbericht der Kriminaltechnischen Abteilung nebst Polizeirapporten einschliesslich Fotodokumentation, vor allem auch durch das klare und vorbehaltlose und bis zum Schluss aufrechterhaltene Geständnis der Täterin selbst ist erwiesen, dass Sadije Ajazi, damals 38-jährig, Zeqir Ferizaj, 27-jährig mit einer Pistole Walter PPK mit sechs Geschossen in Kopf und Oberkörper getroffen hat und dass die Schüsse aus nächster Nähe, aus etwa zwanzig Zentimetern Distanz abgefeuert worden sind. Sie gab insgesamt sieben Schüsse auf ihn ab, wovon einer sein Ziel verfehlte.

Zeqir verstarb kurze Zeit später, noch bevor er ins Spital eingeliefert werden konnte.

Der Hieb ihrer Mutter wirkt wie der des legendären Drachentöters gut gesetzt und traf den Feind tödlich. Als Befreiungsschlag aber war er missraten und verletzte zugleich ihre Tochter Ardita, ja ihre ganze Familie unwiederbringlich schwer.

Ich überlege mir, dass ein einziger Schuss zur Vollstreckung der tödlichen Absicht der Täterin genügt hätte. Ihr Ehrenmord hätte mit einer einzigen Patrone, aus nächster Nähe auf das Opfer abgefeuert, vollzogen werden können.

Von den Folgen her beurteilt, sieht es so aus, als hätte sie nach dem tödlichen Schuss auf Zeqir die weiteren sechs Geschosse auf sich und ihre eigene Familie abgefeuert, als hätte sie mit dem für Zeqir bestimmten Schuss, der sein Ziel aus ungeklärten Gründen verfehlt hat, sich selbst getroffen und als hätte jede weitere, unnötige Kugel, die sie kurz nacheinander wie aus einer automatischen Waffe einzeln auf Zeqir abgab, Ardita getroffen, dann Jusuf, ihren Mann, und je eine weitere ihren Sohn Nazmi und ihre jüngste Tochter Valentina und dann noch Vaxhide, ihre älteste Tochter. So scheint die unerklärliche und unnötige Vielzahl der auf Zeqir abgefeuerten Geschosse einer schrecklichen Logik der verschwenderischen Selbstvernichtung, die mit jeder Gewalttat verbunden ist, zu entsprechen und in ihr sinnbildlich eingezeichnet zu sein; mindestens kann es vor dem düsteren Hintergrund der Gegenwart und der noch zu erwartenden familiären Entwicklung so gesehen werden.

Inzwischen ist Ardita «wieder» verheiratet mit einem ruhigen, zurückhaltend auftretenden Mann aus ihrer Heimat. Sie hatte ihn im Kosovo kennen gelernt, als sie nach dem Ende des Strafprozesses, der gegen ihre Mutter in Basel geführt wurde, die Ferien bei ihren Grosseltern väterlicherseits verbrachte. Die beiden haben ein anderthalb Jahre altes, lebhaftes und kräftiges Bübchen. Sie leben zusammen mit Arditas Vater in dessen neu bezogener Wohnung in Basel. Verkehrsumbrandet liegt sie wiederum in der Nähe eines Bahnhofs, einige Meter neben den ausgedehnten Gleisfeldern, die sich zwischen dem Basler Haupt- und Güterbahnhof Wolf dahinziehen.

Während Ardita aufmerksam, fast andächtig vor mir sitzt und mir die Geschichte erzählt, die zu verstehen ich mich anschicke, vollführt der kleine Gazment seine gewandten Kapriolen zwischen dem Mobiliar, nachdem er nur wenige Augenblicke zuvor noch in engelhaft seliger Versunkenheit, eine Hand über den Rand der hölzernen Wiege ins Leere gestreckt, sich seinem Mittagsschlaf so hingegeben hat, als könnte er noch Stunden dauern. Es scheint, als ob der kleine Gazment, Arditas Sohn, seiner Mutter alle Kraft entzogen und sich einverleibt hat.

Seit seiner Geburt leidet Ardita an einer seltenen Stoffwechselkrankheit und wartet auf eine Organtransplantation. Nieren sind ein begehrtes Gut. Bis dahin muss sie täglich eine mehrstündige Blutwäsche im Kantonsspital über sich ergehen lassen. Sie wartet schon seit zwei Jahren.[3] Während des Gesprächs mit mir vermeidet sie es, «ihn» bei seinem Namen zu nennen. Ich frage sie, ob sie mir eine Foto von ihm zeigen könne oder ein Gruppenbild mit ihm.

«Nein, ich habe alles verbrannt», antwortet sie und blickt zu Boden. Später habe ich auf einem Foto ihr Lächeln gesehen, das nicht der Fotografin galt, sondern in erster Linie ihm, auf dessen Schenkel sie sitzt und der sie mit seinem linken Arm umfasst hält und dessen Rechte wiederum auf ihrem Schenkel ruht. Es ist zu Hause von Miranda aufgenommen und wird mir von ihr gezeigt, wie ihr Bruder auf einem Stuhl in der Küche zusammen mit Ardita sitzt, Arditas Finger spielerisch in Zeqirs Fingern seiner linken Hand verschlungen, die er ihr um den Hals legt, im Hintergrund eine Kaffeemaschine und Feldblumen in einer schlichten Vase. Wie passt das mit Arditas Erzählung zusammen? Ich weiss, auch ein Zustand grossen Unglücks ist nie ohne Momente des Friedens und der Zuversicht.

Dardan, ihr Mann, hat noch keine Arbeit gefunden, er spricht auch noch nicht so gut Deutsch und folgt meinen Gesprächen mit seiner Frau wortlos und geduldig.

Ihre Mutter fehlt. Sie hat die über sie verhängte Strafe abgesessen und ist anschliessend von der Fremdenpolizei zwangsweise in so genannte Ausschaffungshaft[4] gesetzt und zwei Monate später nach Pristina ausgeschafft worden. Sie hatte es unterlassen, freiwillig auszureisen, und kämpfte – immer vergeblich – bis vor dem Bundesgericht um ihr Recht, in der Schweiz bei ihrer Familie zu bleiben.

Von Ängsten gepeinigt hielt sich Sadije zur Zeit meines Kontaktes mit der Familie seit zwei Wochen in einem Hotel in Pristina auf. Dort lebt sie völlig isoliert und vereinsamt. Für wie lange? So lange der Vater für sie zahlen kann.[5] Sie hat drei Schwestern und drei Brüder, aber alle sind entweder in der Schweiz, Deutschland oder Frankreich wohnhaft. Aber die Geschwister sind nicht in der Lage, irgendwie zu helfen. Sie alle kämpfen selbst ums Überleben. Im Kosovo hat sie keine Verwandten mehr, an die sie sich wenden könnte. Ihre Eltern leben noch, aber sie weiss nicht wo. Sie hat jeden Kontakt mit ihnen verloren.

Arditas Vater verlor seine Stelle als Gerant des Restaurants Hermitage auf dem Bruderholz. Die mit seinem Autounfall verbundene Gehbehinderung und die mannigfaltigen Folgen des Tötungsprozesses – angefangen von der seelischen Belastung bis zu den finanziellen und rufschädigenden Folgen – verunmöglichten ihm, das Restaurant weiter zu führen, ja überhaupt einen Beruf auszuüben.[6]

Arditas jüngerer Bruder, Nazmi, hat seine erste Stelle selbst gekündigt. Nun bekommt er von der Arbeitslosenversicherung während einer Strafwartefrist keine Leistungen. Der 20-Jährige sagt: «Ich habe die Fremdenfeindlichkeit an meinem Arbeitsplatz nicht mehr ertragen.» Seine Augen bekommen einen traurigen Glanz.

II. Jusuf, der Familienvater

Der jungen Frau, die mir die Türe zu Ajazis Wohnung geöffnet hat, folge ich ins Wohnzimmer. Jusuf Ajazi empfängt mich herzlich und offen. Er bietet mir den starken, süssen Kaffee an, wie er in seiner Heimat, im Kosovo, getrunken wird. Der Kaffee wird mir von Ardita, einer seiner beiden Töchter, die noch bei ihm zu Hause leben, gebracht. Der Vater geht an Krücken. Nach einem Autounfall vor vielen Monaten ist er noch immer auf sie angewiesen. Letzte Woche hat er sich im Kantonsspital dem 16. operativen Eingriff unterziehen müssen. Sein Fussgelenk ist geschädigt und ein Trümmerbruch unterhalb des Knies macht ihm und offenbar auch den Ärzten schwer zu schaffen. Aber das alles steht nicht im Vordergrund seiner Sorgen.

Vor über zwei Monaten ist seine Frau – wie erwähnt – überraschend in Haft gesetzt und zwei Wochen vor meinem Besuch nach Pristina ausgeschafft worden. Die Familie hatte mit vereinten Kräften alle Rechtsmittel gegen Haft und Ausweisung ergriffen und den Kampf bis zum höchsten Gericht ausgetragen. Jusuf Ajazi zog denselben Rechtsanwalt bei, der die Frau bereits im Strafprozess verteidigt hatte. Dieser hatte es ja erreicht, dass das Gericht ausdrücklich darauf verzichtet hatte, Sadije des Landes zu verweisen.[7] Doch diesmal blieb die Familie vor der Polizei und anschliessend vor der Regierung und dem Verwaltungsgericht ohne Erfolg.

Aus der Haft heraus reichte Sadije am 10. September 2004 persönlich «Beschwerde gegen meine zwangsweise Ausreise» an das Appellationsgericht ein. Sie verlangte, ihre Ausweisung aufzuschieben, solange der Rekurs ihres Anwalts an das Bundesgericht hängig war. Die Beschwerde war im flehentlichen Ton einer Bittschrift abgefasst. Sie wies auf die Krankheit ihrer Tochter hin und auf den Autounfall ihres Ehemannes, der damals zum 14. operativen Eingriff im Kantonsspital lag. Ihre Ausschaffung führe zu einem riesigen Desaster ihrer Familie. Sie schloss ihre Beschwerde: «Ich bin an Leib und Leben bedroht. Es besteht im Kosovo die Regel der Blutrache. Die Familie des Getöteten will mich im Kosovo töten. Ich bin dort vollkommen allein und ohne Schutz.»[8]

Am 29. Oktober ersuchte auch der Anwalt der Familie die Einwohnerdienste von Basel dringend, von einer Ausschaffung der Sadije abzusehen, weil Ardita an einer schweren Nierenerkrankung leide und zudem ein Kleinkind zu betreuen habe. Seinem Gesuch war ein Zeugnis der Universitätsklinik beigelegt. Darin wurde vom Leitenden Arzt Nephrologie bescheinigt, dass die Patientin täglich zur Hämodialyse, das heisst zur «Blutwäsche», ins Spital kommt.

Am 5. November 2004 erhielt der Anwalt das Fax: «Wir bestätigen den Eingang Ihres obgenannten Schreibens und teilen Ihnen mit, dass Ihre Mandantin heute in ihre Heimat zurückgekehrt ist.

Mit freundlichen Grüssen

Michel Girardet, Abteilungsleiter.»

Vor Bundesgericht in Lausanne ist die Familie in der Frage der Ausschaffung und der damit verbundenen Haft unterlegen. Die Rechtspraxis folgt dem makabren Grundsatz, dass kein Urteil «in der Sache» mehr ergeht, wenn die Fremdenpolizei schneller schafft, das heisst hier «ausschafft», als das Gericht entscheidet. Dann fehle – so die höchstrichterliche Argumentation – das aktuelle Interesse an einem Entscheid, und die Sache werde «gegenstandslos», etwa so, als ob die Ausgeschaffte sich in Luft auflösen würde.[9]

Jusuf Ajazi erklärt die Situation seiner Familie in der Zeit vor dem Strafprozess gegen seine Ehefrau so: «Meine Frau hätte jede Strafe akzeptiert, gleich wie lang. Wir alle kannten nur eine Angst, nämlich aus der Schweiz ausgewiesen zu werden. Das wäre das Schlimmste. Es galt – wenn immer möglich – einen Landesverweis gegen Sadije zu verhindern. Das ist unserem Anwalt zunächst auch gelungen. Wir sind ihm dafür unendlich dankbar. Entgegen dem Antrag der Staatsanwaltschaft ist keine Landesverweisung ausgesprochen worden. – Wir können es deshalb noch immer nicht fassen, dass die Fremdenpolizei meine Frau trotzdem ausgewiesen hat. Nicht nur ist sie – die nun inzwischen ihre Strafe abgesessen hat – zwei Mal bestraft worden. Auch unsere Kinder, vor allem Ardita, die krank ist, und ihr Kind, unser kleiner Enkel Gazment; wir alle sind durch Sadijes Ausweisung hart getroffen worden. Wozu?»

Jusuf bestätigt mir, dass seine Frau seit zwei Wochen in einem Hotel in Pristina untergebracht ist, weil sie bis dahin keine andere Möglichkeit gefunden haben, sie unterzubringen.

Die Kosten für das Hotel sind eine enorme finanzielle Belastung. Aber zunächst gibt es keine andere Lösung für sie. Es wäre zu riskant, eine Wohnung in Pristina oder Umgebung zu suchen. Würden die Verwandten von Zeqir auf sie aufmerksam, so hätte sie deren Blutrache zu befürchten. Sie lebt dort, nach ihren eigenen Worten mir gegenüber, wie in einem Gefängnis.

Sie hat ein Handy und telefoniert mit ihrer Familie in der Schweiz. Vor allem der Kontakt mit ihrer kranken Tochter Ardita ist für beide wichtig. Jetzt liegt wieder eine Rechnung für 315 Franken an Handy-Spesen vor. Aber der Vater bringt es nicht über sich, diesen letzten Kontakt zwischen Tochter und Mutter zu verbieten. Er weiss nicht, wer von ihnen beiden in der schwierigeren Situation ist. Er ist um sie beide in grosser Sorge. Die Mutter ist depressiv geworden. Auch ich kann vorläufig nur per Handy mit Sadije in Kontakt treten.

Jusuf weiss nicht so genau, wie es um ihre medizinische Versorgung in Pristina steht. Dort unten ist die medizinische Betreuung wie alles etwas primitiv und dazu noch teuer. Die schweizerische Krankenversicherung zahlt die Spesen nicht, die dort für ihre Behandlung anfallen.

«Niemand kann mir sagen, wann Sadije wieder zur Familie zurück darf», klagt der Vater.

Halblaut sage ich ihm, dass die Massnahme unbefristet[10] sei, also grundsätzlich auf Lebenszeit gelte und dass kein Rückkehrrecht vorgesehen ist.

«Wir haben nie damit gerechnet, dass die Mutter ausgewiesen wird. Die Berichte vom Strafvollzug waren alle positiv. Sie wurde wegen guter Führung vorzeitig entlassen. Herr Zogg vom Vollzugszentrum Klosterfiechten war sehr hilfreich und ging selbst davon aus, dass eine Ausweisung durch die Polizei unterbleiben wird. Das Strafgericht hat ja über die Gefährlichkeit von Sadije ein Gutachten eingeholt und hat entschieden, sie könne bleiben.»

Das Strafgericht hat gemäss seinem Urteil, gestützt auf das psychiatrische Gutachten über Sadije Ajazi, die Wiederholungsgefahr als «sehr gering» eingestuft und die Aussicht, dass sie sich bewähre, als «äusserst günstig» beurteilt. Das öffentliche Interesse der Schweiz an der Fernhaltung der Angeklagten von hier wurde dem Anspruch auf Schutz des Familienlebens gemäss Europäischer Menschenrechtskonvention gegenübergestellt. Und dies abwägend kam das Strafgericht zum Schluss, dass «auf die Aussprechung einer Landesverweisung zu verzichten ist». Beide Parteien, also die Staatsanwaltschaft wie auch die Verurteilte, haben dieses Urteil anerkannt und kein Rechtsmittel dagegen ergriffen.

Bei den Akten, die Jusuf mir vorlegt, finde ich zudem einen Bericht der Abteilung Freiheitsentzug und Soziale Dienste des Justizdepartements des Kantons Basel-Stadt vom 17. Mai 2004, der festhält, dass sich Frau Ajazi im Vollzugszentrum in Halbfreiheit gut integriert habe und sich an die Hausordnung, Weisungen und Regelungen halte und dass sie gegenüber Mitarbeitern und Insassen zuvorkommend und höflich sei. Soweit sie nicht intern arbeite und dabei gute Arbeit leiste, betreue sie in Zeiten ihres Freiganges ihre Tochter und deren Kind. Leber und Niere ihrer Tochter seien schwer geschädigt, und sie warte auf eine Organspende. Es sei für die junge Familie eine grosse Entlastung, dass Frau Ajazi sich um sie und deren kleines Kind kümmern könne.

Zeugnisse von Spezialärzten der Universitätsklinik bestätigen diese gesteigerte Pflegebedürftigkeit der Tochter, die für ihr eigenes Kleinkind Gazment allein nicht genügend sorgen kann.

Am 17. August 2004 ist Sadijes Halbgefangenschaft beendet und sie kann wieder zur Familie zurückkehren. Während der fünf Jahre ihrer Gefangenschaft hat die Familie den Kontakt zu ihr aufrechterhalten. Der Vater oder die Kinder haben die Gefangene, von wenigen Ausnahmen abgesehen, jede Woche, oft miteinander, besucht und sich darüber gefreut, dass sie immer besser Deutsch sprechen konnte.

Der Mutter schien es nicht schlecht zu gehen. Sie machte im Strafvollzug einen recht gefassten Eindruck, und die Hoffnung, nachher wieder für ihre Familie und vor allem für ihre kranke Ardita und deren Kind da sein zu können, machten ihr Mut. Irgendwie schien sie erleichtert und wie von einem unerträglichen Druck befreit zu sein. Nebenbei arbeitete sie während der letzten Phase des Strafvollzugs in «Halbfreiheit» wieder als Putzfrau.

Am 5. Oktober erschien sie in der Notfallstation des Kantonsspitals Basel mit einer Knieprellung. Sie hatte infolge psychischen Stresses bei der Arbeit einen Kollaps erlitten und war gestürzt. Ferner diagnostizierte der Oberarzt eine Depression (depressio mentalis) sowie Blutarmut (normochrome, normocytäre Anämie). Einen ähnlichen Zusammenbruch hatte Sadije schon ein Vierteljahr früher erlitten.[11] Aber sie gab nie auf.

Am 19. Oktober 2004 bekommt Sadije Ajazi erneut Post von den Einwohnerdiensten. Es ist eine Vorladung in Formularform.

Wegen: *Organisation und Durchführung Ihrer Ausreise aus der Schweiz;*
Ort: *Binningerstr. 21, Basel;*
Datum: *28. Oktober 2004; Zeit: 14.00 Uhr;*
Hinweis: *Wer trotz Mahnung der gesetzlichen Anmeldepflicht nicht nachkommt, kann polizeilich vorgeführt werden.*
Mit freundlichen Grüssen
Philippe Dellenbach, Sachbearbeiter.

Sadije ging in Begleitung ihrer ältesten Tochter Vaxhide zum Termin. Wahrscheinlich hat sie geahnt, dass sie die moralische Unterstützung durch ihre Tochter nötig haben könnte. Vaxhide wurde zur Besprechung nicht zugelassen. Später schilderte sie mir den Verlauf ihrer Begegnung mit dem Beamten und ihr Rededuell mit ihm wortwörtlich. Und über das Timbre und die Vibration ihrer erregten Stimme teilte sich mir mit, wie heftig noch immer ihr Herz für ihre Mutter schlägt.

Nachdem sie in der kahlen Vorhalle während nahezu zwei Stunden allein auf einem am Boden festgeschraubten Schalenstuhl ohne Seitenlehnen gewartet hatte, kam nur noch Dellenbach mit einem Dolmetscher zu ihr in die Wartehalle zurück und sagte: «Ihre Mutter muss hier bleiben!»

«Meine Mutter hat ihre Strafe abgesessen.»

«Ihre Mutter kommt nächste Woche zurück in den Kosovo. Das Gericht hat so entschieden.»

«Nein, das Strafgericht hat entschieden, dass sie nicht des Landes verwiesen wird, dass sie dableiben kann. Sie können unseren Rechtsanwalt anrufen.»

«Ich kenne nicht den ganzen Fall. Ihre Mutter wird in Ausschaffungshaft gesetzt.»

«Wenn Sie nicht den ganzen Fall kennen, dann können Sie nicht entscheiden.»

«Wir reden aneinander vorbei. Ich kann nichts dafür. Tut mir Leid. Es ist so geschrieben im Gesetz. Ihr Anwalt kann dagegen rekurrieren, wenn er Lust hat.»

«Es geht nicht um Lust, ich darf wohl bitten. Sie kennen die Situation mit Ardita. Wir brauchen unsere Mutter. Geben Sie mir unsere Mutter und lassen Sie uns nach Hause gehen.»

«Das ist nicht möglich.»

«Dann möchte ich mich von meiner Mutter verabschieden, bitte!»

«Das ist leider nicht möglich.»

«Wieso nicht?»

«Weil es nicht möglich ist, darum.»
«Sie sind... Sie haben kein Herz, Sie...»
«Beruhigen Sie sich bitte. Sie können der Mutter Kleider und Utensilien bringen, bevor sie ausgeschafft wird.»
«Wann wird das sein?»
«Ich weiss es nicht. Nicht vor Montag.»
Vaxhide musste ohne Mutter zurückkehren.

Am anderen Tag verfügt die Einzelrichterin für Zwangsmassnahmen im Ausländerrecht, E. Christ: «Es wird erkannt: Die Anordnung von Ausschaffungshaft über Sadije Ajazi zur Sicherstellung der Wegweisung für 3 Monate ist rechtmässig und angemessen (Art. 13b ANAG).»[12]

Das Dokument liegt bei den Akten des Rechtsanwalts der Familie Ajazi.

Wie Vaxhide am Montag früh mit einem kleinen Koffer vor dem Untersuchungsgefängnis steht und um Einlass nachsucht, wird ihr gesagt, ihre Mutter sei schon in den Kosovo ausgeschafft worden. Sie hält es nicht für möglich und will Dellenbach sprechen. Am Telefon sagt er ihr, ihre Mutter sei schon zurückgeschafft. Sie hätte sich halt früher um die Sachen kümmern müssen. Der jungen energischen Frau, in deren Adern das Blut von Sadije pulsiert, platzt der Kragen.

Sie ruft ins Telefon: «Sie sind ein Schwein. Sie haben kein Gefühl. Sie haben für Hund und Katzen ein Gefühl, aber nicht für Menschen. Wenn Sie nicht Polizist wären, so hätten sie meine Faust im Gesicht.»

Der Beamte am Telefon sitzt nur wenige Meter von Vaxhide entfernt in seinem gut geheizten, elektronisch verriegelten Büro, dessen Zugang permanent per Video überwacht ist und ihn von den Unbilden der «Aussenwelt» abschirmt.

«Die Zeit jetzt ist viel schlimmer als die Zeit, während der Sadije in Hindelbank die Strafe verbüsst hat», sagt der Vater und sucht meinen Blick. Die einzige Frauenstrafanstalt der Schweiz in Hindelbank ist für ihren offenen, ganz auf Resozialisierung ausgerichteten Strafvollzug bekannt. «Die Strafe hat sie angenommen. Wir haben immer Kontakt mit ihr gehabt. Sie hat während dieser Zeit gute Fortschritte in der deutschen Sprache gemacht. Jetzt mache ich mir grosse Sorgen um sie. Ich weiss nicht, wohin das noch führen soll. Ich kann doch nicht zurück nach Pristina. Ich bin seit 35 Jahren in der Schweiz, seit 15 Jahren mit meiner ganzen Familie, die mir 1991 nachgefolgt ist. Meine Frau war damals 30 Jahre alt, und unsere Kinder waren zwischen vier und zwölf.»

***

Die Juristische Mitarbeiterin, lic. iur. Carine Delémont vom Rechtsdienst der Einwohnerdienste des Kantons Basel-Stadt, hatte umsichtig die Ausweisung vorangetrieben, während Sadije noch im Strafvollzug in Hindelbank sass. Sie verfügte, dass Sadije «die Schweiz unmittelbar nach der Haftentlassung zu verlassen habe». Sie habe ihren Schwiegersohn erschossen und habe «diese Tat aus einem im Verhältnis zu den Folgen nichtigen Grund» begangen und dem Opfer keine Chance gelassen, den Kugeln zu entkommen. Nachher habe sie eingekauft und keine Zeichen wirklich aufrichtiger Reue erkennen lassen. So begründete die Juristin ihren Entscheid, der mir vorliegt.

Ich stelle mir die agierende Juristin als junge, strebsame Frau vor. Für solche Aufgaben (die so genannte Drecksarbeit) werden von den alten Hasen der Justizverwaltung in der Regel junge Juristen oder Juristinnen eingesetzt. Diese opfern durch solche Dienste – oft ohne dass es ihnen bewusst wird – ihre menschliche Glaubwürdigkeit. Sie konzentrieren sich auf die Stufenleiter, die sie in ihrer juristischen Karriere auf diese Weise Stück für Stück hochsteigen, und realisieren nicht, welche menschlichen Verwüstungen ihr juristisch gelungenes Wirken hinterlassen kann.

Dieser Entscheid des Rechtsdienstes wurde aus nur ganz leicht variierten Gründen vom Regierungsrat Jörg Schild und dann vom Verwaltungsgericht und schliesslich vom Bundesgericht geschützt. Die Ajazis mussten eine Gebühr von 1000 Franken sowie ihren eigenen Anwalt bezahlen, weil das Gericht ihren Fall als «zum vornherein aussichtslos» einstufte. Die Lektion, die den Rechtsunterworfenen damit erteilt werden soll, ist klar: Niemand darf das Gericht zu einer Stellungnahme, einem Urteil herausfordern, der nicht siegessicher ist. Aber wer darf das schon sein?

Die Schizophrenie der Rechtssituation mit zwei widersprüchlichen Entscheiden scheint das Hohe Gericht im Mon Repos in Lausanne nicht gestört zu haben: «Dass das Strafgericht von einer strafrechtlichen Landesverweisung abgesehen hat, ist nicht entscheidend (vgl. BGE 129 II 215 , 125 II 105 mit Hinweisen).» So schnell können selbst Richter mit dem Wort fertig sein, das bekanntlich «scharf sich handhabt wie des Messers Schneide»!

***

Ich stelle Jusuf Ajazi, der nachdenklich über seine Kinder, die alle im selben Zimmer sitzen, hinwegblickt, die Frage, ob es seiner Ansicht nach die Möglichkeit gegeben hätte, die Bluttat zu verhindern.

Er sieht mich an und zögert nicht: «Nein, es hat keine Möglichkeit mehr gegeben, die Situation zu retten.» Fünf Monate, so lange wie die «Ehe» zwischen Zeqir und Ardita gedauert hat, hätte er um die Tochter gekämpft. Natürlich seien seine Frau und eigentlich auch er mit der frühen Ehe ihrer damals erst 17-jährigen Tochter Ardita nicht einverstanden gewesen. Andererseits sei Sadije, seine Frau, als er sie in Pristina geheiratet habe, auch nur ein Jahr älter, nämlich erst 18 Jahre alt gewesen. Ardita sei in Zeqir verliebt gewesen und wollte ihn unbedingt heiraten. Bald einmal hätten alle geahnt, dass Zeqir sie belogen hatte, dass er in Deutschland wahrscheinlich wegen Drogen- und Geldgeschäften im Gefängnis gesessen hatte und dass er ihre Tochter schlug. Aber konkrete Kenntnis hätten sie erst nach und nach bekommen, nachdem die beiden in der Jägerstrasse zusammengezogen waren. Ardita habe Angst vor Zeqir gehabt und wahrscheinlich schon deshalb nichts zu Jusuf gesagt, um ihn nicht seelisch zu belasten.

«Am Schlimmsten war die Ungewissheit um Ardita. Wir sind einfach nicht mehr an sie herangekommen. Daraufhin haben wir versucht, mit Zeqirs Schwester Mirlinda und seinem Bruder Latif Kontakt aufzunehmen. Meine Frau hat einige Male mit Mirlinda und ich habe mehrmals mit Latif gesprochen. Mirlinda zeigte Verständnis für die Sorgen der Mutter. Unsere Versuche, über die Geschwister von Zeqir etwas zu erreichen, haben am Ende doch nichts gebracht. Sie haben uns klipp und klar gesagt: ‹Was sollen wir tun? Wir können Zeqir auch nicht ändern, er ist halt einmal so!› Latif hatte zu jener Zeit selbst familiäre Probleme. Das haben wir von Mirlinda erfahren.

Ich habe daraufhin versucht, direkt mit Zeqir in Kontakt zu treten. Aber darauf hat er ganz rabiat reagiert. Er hat jedes Wort und jede Frage nach Ardita als unverschämte Einmischung in seine Ehe zurückgewiesen und schliesslich jedes Gespräch mit uns verweigert.

Zu jener Zeit hatte ich eine unheimliche Begegnung auf offener Strasse. Kurz vor Weihnachten war ich auf dem Weg zu Einkäufen in Klein-Basel. Im Menschengewimmel vor dem Warenhaus Rheinbrücke, jetzt heisst es Manor, fiel mein Blick auf eine junge Frau, die etwas vornüber gebeugt zu Boden sah und mir entgegenkam. Ich bin erschrocken, weil ich sofort an Ardita erinnert wurde, aber gleichzeitig sah, dass diese freudlose Gestalt unmöglich meine Tochter sein konnte. Ihr Gesicht war verschwollen, und ihre Haare fielen in ungepflegten Strähnen auf ihre Schultern. Trotz der Kälte trug sie anstelle eines Mantels eine Windjacke. Es war überhaupt nicht die Art von Ardita, so salopp und verwahrlost daherzukommen. Und dann trat plötzlich einige Schritte hinter dieser Frau Zeqir in mein Blickfeld. Er musste einen Moment stehen geblieben sein. Jetzt erkannte ich – den beiden näher kommend – Ardita. Aber schon waren sie im Gedränge an mir vorbeigezogen, ohne dass meine Tochter mich gesehen hatte. Als ich mich von meinem Schreck etwas erholt hatte, war ich bereits zu weit weg, um ihnen nachzueilen. Und was hätte es gebracht? Aber von da an fand ich innerlich keine Ruhe mehr.

Ich erzählte Sadije, was ich gesehen hatte, und sagte ihr, dass ich nun das Jugendamt einschalten werde. Meine Frau warnte mich: ‹Mach nur keine Dummheit! Wenn Zeqir merkt, dass wir ihm die Behörden und die Polizei auf den Hals hetzen, dann haben wir nichts mehr zu lachen. Der macht uns fertig. Du wirst sehen.› Das hat mich dazu bewogen, noch zuzuwarten, mit den Behörden und Ämtern in Kontakt zu treten.

Ich habe natürlich zuerst nochmals den direkten Zugang zu Ardita gesucht. Zu verschiedenen Zeiten bin ich zu ihrer Wohnung gegangen und habe geklingelt. Aber es hat nie jemand geöffnet. Vielleicht war die Klingel oder die Gegensprechanlage defekt oder ausgeschaltet. Oder sie wollte aus Verstocktheit oder ganz einfach aus Angst vor Zeqir nicht öffnen. Ich weiss es nicht.

Ich versuchte sodann über Fatmir, einen Kollegen von mir, der in ihrer Nähe wohnte, an sie heranzukommen. Das rückwärtige Fenster seiner Wohnung ging auf denselben Hinterhof hinaus, der auch an die Rückfassade und Terrasse von Arditas und Zeqirs Wohnung grenzte. Fatmir gestattete mir, sein Gästezimmer als Wachtposten zu benützen, wann immer ich wollte. Ich habe dort zu verschiedenen Zeiten oft stundenlang gewartet. Ich habe mit Fatmir geplaudert und Kaffee getrunken, obwohl ich immer in meiner Sorge um Ardita gefangen war. Immer wieder – beim geringsten Geräusch, das vom Binnenhof zu uns in das Zimmer drang – bin ich zum Fenster geeilt und habe gehofft, Ardita würde vielleicht einmal ihr Fenster öffnen oder auf die Terrasse hinauskommen, so dass ich sie hätte rufen können. Aber da mir mein Freund seine Wohnung während der Winterzeit zur Verfügung gestellt hatte, ist dies nie geschehen. Besonders belastend für mich war, dass ich abends ihre Silhouette mehrmals hinter den beleuchteten Fenstern ihrer Wohnung vorbeihuschen sah. Ich bin dann aufgesprungen und zum Fenster gerannt. Ich hatte eine Taschenlampe dabei und habe Lichtzeichen in Richtung ihrer Wohnung gegeben. Aber sie hat nie zu mir hinübergesehen.

So ist viel Zeit verstrichen, ohne dass ich sie erreichen konnte. Ich habe alles versucht. Auch über Nachbarn ist es mir nicht gelungen, mit ihr in Kontakt zu treten. Niemand wollte sich in die Familienangelegenheit einmischen. Ich war ratlos.

Da habe ich halt doch das Jugendamt eingeschaltet. Ich habe im Verlaufe der Monate Januar und Februar mit verschiedenen Beamten und Beamtinnen gesprochen. Die haben sich lediglich meine Berichte angehört. Wahrscheinlich haben sie unsere Sorge um Ardita nicht ernst genommen oder sie als privates Problem unter Albanern eingestuft. Jedenfalls ist nichts geschehen; keinen Rat, kein Hilfsangebot hat es je gegeben.

Wie ich beim Jugendamt nachgefragt und mehr Druck aufgesetzt habe, dass etwas geschieht, hat mich der Sozialarbeiter an die Polizei verwiesen. Bei der Polizei wiederum erhielt ich die Auskunft, sie könnten erst einschreiten, wenn etwas passiert sei. So ist die Angelegenheit zwischen den Ämtern hin und her geschoben worden. Und so ist es schliesslich Frühling geworden.

Bevor die Behörden eingeschritten sind, ist etwas passiert. Zeqir muss erfahren haben, dass wir uns um unsere Tochter grosse Sorgen machten und behördliche Interventionen verlangten. Ich weiss natürlich nicht, ob sein älterer Bruder Latif oder seine Schwester Mirlinda ihm das gesagt haben oder ob am Ende das Jugendamt mit ihm doch noch Kontakt aufgenommen hat, ohne uns darüber zu orientieren. Anfangs April hatte ich im Restaurant, das auf dem Bruderholz liegt und ein beliebtes Ausflugsziel im Naherholungsraum von Basel ist, eine besonders strenge Zeit. Ich kam regelmässig erst um ein Uhr nachts oder noch später nach Hause.

In jener Nacht anfangs April erhielt ich kurz nach Mitternacht in meinem Restaurant einen Anruf von Sadije. Sie war in höchster Erregung. Zuerst verstand ich nicht, was passiert war, bis ich merkte, dass Zeqir soeben mit zwei seiner Kollegen in unserer Wohnung aufgekreuzt war und sie und Valentina, die damals 13 und Nazmi, der 15 war, mit einer Pistole bedroht haben musste. Ich liess alles liegen und setzte mich nach dem Telefongespräch in mein Auto und fuhr nach Hause. In meiner Aufregung missachtete ich ein Rotlicht und wurde geblitzt.

Als ich wenige Minuten später in unserer Wohnung beim Kannenfeldpark ankam, fand ich meine Frau und die beiden Kinder noch immer in grosser Angst und in hellem Aufruhr. Alle schrien aufgeregt durcheinander, und ich brüllte, sie sollten ruhig sein und endlich zu Besinnung kommen. Als sich die Aufregung etwas gelegt hatte, wollte ich die Polizei anrufen, weil ich sah, dass es keine andere Möglichkeit mehr gab. Da stellte Sadije sich mir in den Weg und beschwor mich, ja nicht die Polizei anzurufen. Zeqir habe ihr gedroht, wenn wir die Polizei einschalteten, würde er Ardita und die ganze Familie umbringen. ‹Er ist bewaffnet. Ich habe es immer gewusst. Jetzt habe ich den Beweis. Er bringt uns alle um. Jusuf, mach keine Dummheit›, flehte meine Frau mich an. Ich habe mich über sie hinweggesetzt und habe die Polizei – trotz ihrer Beschwörung, es nicht zu tun – angerufen. Ich hatte keine andere Wahl.

Die Polizei ist dann gekommen und hat alles notiert, was passiert war. Beide Polizisten haben übereinstimmend gesagt, sie könnten erst etwas machen, wenn sie einen Beweis hätten. Der junge Polizist sagte uns, wenn Zeqir wieder drohen sollte, dann müssten wir unverzüglich Bescheid sagen, damit sie rechtzeitig hier sein könnten, solange er noch die Waffe auf sich trage. Jetzt habe er sie bestimmt schon wieder auf die Seite geschafft. Beim Hinausgehen gab mir der ältere Polizist seine Visitenkarte und sagte, ich solle ihm auf jeden Fall unverzüglich telefonieren, sofern wieder einmal etwas vorfallen sollte.

So waren wir auch diesmal in unserem Bemühen, Ardita zu schützen oder wenigstens mit ihr in Kontakt zu kommen, nicht weiter gekommen. Von nun an war es die Hölle, bei uns zu Hause zu sein. Es herrschte eine schrecklich gespannte Atmosphäre, ein Gemisch aus Angst und verzweifelter Aggression. Meine Frau Sadije war mit Ardita schon von jeher innerlich besonders verbunden gewesen und war es geblieben, obwohl sie ihre Tochter seit Wochen, ja seit einigen Monaten nicht mehr gesehen hatte. Durch die Trennung von ihr war Sadije unerträglich gereizt.

Immerhin hatte ich in jenen Tagen ein- oder zweimal kurz Besuch von meiner Tochter, die jeweils in Begleitung von Zeqir zu mir ins Restaurant kam. Aber ein gutes Gespräch war weder mit ihr noch mit Zeqir möglich. Ich weiss rückblickend nicht, wieso die beiden überhaupt zu mir gekommen sind. Vielleicht geschah es, um mich zu beruhigen, als Zeqir merkte, dass ich mit den Behörden Kontakt aufgenommen hatte. In jener Zeit war ich heilfroh, nur noch gerade zum Schlafen zu Hause sein zu müssen. Dadurch habe ich irgendwie auch den engeren Kontakt zu meiner Familie verloren. Eigentlich war es die reine Hölle, aber niemand wusste einen Ausweg.

In meiner Not rief ich nach jener Nacht, in der meine Familie bedroht worden war, einen guten Gast meines Restaurants an, mit dem mich schon damals eine Freundschaft verband. Oft war ich in meinem Lokal mit Peter bei einem Glas Rotwein zusammengesessen, und wir hatten miteinander geplaudert. Peter war früher bei der Kantonspolizei tätig gewesen und nun in Pension. Er wusste um meine Probleme mit Zeqir. Er hat mich jeweils beraten und mir gesagt, an wen ich mich wenden kann und wie ich genau vorzugehen habe. Ihm schilderte ich am nächsten Morgen die nächtliche Bedrohung meiner Familie. Er riet mir, nun beim Jugendamt eine dringliche Intervention zum Schutz unserer Ardita zu verlangen.

Peters Rat habe ich noch in der gleichen Stunde befolgt und beim Jugendamt einen dringlichen Besprechungstermin verlangt, weil Zeqir Ardita in seiner Gewalt hatte und uns jetzt noch zusätzlich ernstlich bedrohte. Der Termin wurde mir endlich zugesagt. Wenige Tage darauf erhielt ich eine Vorladung, am 18. April 2000 um 15 Uhr auf dem Jugendamt zu erscheinen. Ja, am 18. April, am Tag, als es passierte. Zu diesem Zeitpunkt hatte meine Frau Zeqir schon erschossen. Es war alles, alles nun schon zu spät. Und was versäumt war, war nicht mehr nachzuholen.

Zeqir musste Wind davon bekommen haben, dass wir die Behörden beigezogen hatten und dass eine Besprechung auf dem Jugendamt bevorstand. Am Tag davor erhielt ich nach 22 Uhr wieder einen Telefonanruf von Sadije. Wieder war Zeqir soeben mit zwei anderen Kollegen bei ihr in der Wohnung gewesen, hatte ihr untersagt, die Polizei oder die Behörden auf ihn zu hetzen. Dann sei er dicht an sie herangetreten und habe ihr den Lauf der Waffe direkt an die Schläfe gehalten, dass sie den kalten Stahl der Mündung auf ihrer Haut spürte. Mit unheimlich verhaltener, bebender Stimme habe er gesagt: ‹Du Dreckhure, wenn du nicht augenblicklich aufhörst, unsere Ehe kaputt zu machen, dann mach ich dich und euch alle samt deinem Alten kalt. Verstehst du das?› Sie habe einen Schrei ausgestossen. Da seien Zeqir und seine Kollegen so schnell, wie sie gekommen waren, wieder verschwunden.

Sadije hatte auch diesmal die Polizei nicht angerufen. Nachdem alle schon weg waren, als ich den Anruf bekam, sah auch ich keinen Sinn mehr, es nachträglich zu tun und mich zu blamieren. Es war ja wieder dieselbe Situation wie das letzte Mal. Zudem hatte ich auch mit Rücksicht auf Zeqir Angst, die Polizei beizuziehen. Wir wussten nun, wie gefährlich er war. Er hatte überall seine Leute, die ihm sagten, was vorging.

Als ich mich schon ins Bett gelegt hatte, fiel mir plötzlich wieder ein, dass der Polizist, der bei der ersten Drohung gekommen war, mir seine Karte zugesteckt und beigefügt hatte, ich sollte ihn unbedingt darüber orientieren, wenn sich die Situation zuspitzen sollte.

Da habe ich Mut gefasst und bin nochmals leise aufgestanden und habe die Polizeinummer, eine Direktwahl, angerufen. Aber der Anruf wurde umgestellt, und ich bekam zur Auskunft, dass der Polizist in dieser Nacht nicht im Dienst war. Da habe ich das Gespräch beendet und bin wieder ins Bett gekrochen, konnte aber keinen Schlaf finden. In jener Nacht habe ich kein Auge zugetan. Und ich glaube auch, Sadije hat nicht geschlafen. Sie hat sich im Bett gewälzt. Aber wir konnten nicht miteinander sprechen.

Wir beide wussten nun, dass all unsere Versuche, Ardita zu befreien oder Zeqir zu mässigen, gescheitert waren. Meine Bemühungen durch Vermittlung von Latif, Zeqirs ältestem Bruder, mit diesem ins Gespräch zu kommen, waren nutzlos. Meine Interventionen beim Jugendamt und der Polizei hatten ebenfalls nichts gebracht. Auch Sadijes Gespräche mit seiner Schwester Mirlinda waren ohne jede erkennbare Wirkung geblieben. Während der ganzen Nacht waren wir beide von einer schrecklichen Angst gefangen, die uns bedrückte und zugleich keinen Raum für ein vertrauliches Gespräch liess. Das befreiende Wort war wie von der Nacht und der Angst verschluckt.

Auch wusste ich, dass Sadije seit einigen Tagen meine Pistole, die ich vor langer, langer Zeit aus dem Kosovo in die Schweiz mitgebracht und hier vollkommen vergessen hatte, mit sich herumtrug. Ich besass nämlich in Pristina eine Pistole, weil es eine gefährliche Zeit war und ich politische Probleme hatte. In der Schweiz habe ich die Waffe komplett vergessen, bis ich zufällig feststellte, dass die Pistole nicht mehr am gewohnten Versteck unter meiner Fischerei-Ausrüstung war.

Ich habe dann Sadije gefragt, ob sie die Waffe weggenommen habe. Sie hat nicht geantwortet. Aber an der Art, wie sie entschlossen an mir vorbei zur Küche ging und die Türe hinter sich zuschlug, erkannte ich, dass sie die Waffe wahrscheinlich an sich genommen hatte. Sie wollte sich vor Zeqirs körperlicher Übermacht und vor dessen eigener Waffe schützen. Es muss in der Zeit gewesen sein, als Zeqir zum ersten Mal meine Familie bedroht hatte. Ja, in jenem Zeitpunkt musste sie die Waffe an sich genommen haben. Dabei wusste ich, dass die Waffe defekt war, weil der Abzug klemmte. Aus irgendeiner Hemmung heraus habe ich es nicht über mich gebracht, sie danach nochmals auf die Waffe anzusprechen. Sie machte auf mich in jenen Tagen einen zwiespältigen Eindruck. Einerseits wirkte sie vollkommen verschlossen, ja verbissen, dann wieder kam sie mir total verunsichert und ängstlich vor. Ich wusste nicht, was tun. Wir waren alle am Anschlag.»

Wahrscheinlich war Jusuf in jenem Moment sogar erleichtert zu wissen, dass seine Frau bewaffnet und Zeqir nicht schutzlos ausgeliefert war.

Ich fragte Jusuf Ajazi, ob er im Verhalten seiner Frau in den letzten Tagen vor der Tat eine Veränderung beobachtet habe. Nein, nur Angst habe er gespürt, jene seiner Frau und Kinder, auch seine eigene. Ob er mit einer derartigen Bluttat seiner Frau irgendwie gerechnet, ob er sie dazu fähig gehalten habe, fragte ich weiter.

«Nein, niemals!», antwortete er bestimmt. «Ich wusste nicht, was passiert. Aber ich spürte etwas in mir.»

Jusuf atmete tief und hielt einen Moment inne, bevor er weitererzählte: «Am anderen Morgen, diesem 18. April, es war ein Dienstag, bin ich früh aufgestanden und zur Arbeit in mein Restaurant gefahren. Der Morgen ist ruhig verlaufen, aber ich war geistesabwesend und übermüdet von der Aufregung der vergangenen Nacht. Da tauchten kurz vor Mittag in meinem Lokal ein Dutzend Albaner auf, die sich aggressiv laut verhielten, ohne etwas zu bestellen, und offensichtlich in der Absicht gekommen waren, mir Schwierigkeiten zu bereiten. Ich ahnte nichts Gutes. Da bemerkte ich auch, dass einer unter ihnen eine Waffe sichtbar im Gurt stecken hatte. Zum Glück waren noch andere Gäste zugegen, so dass ich die Polizei orientieren und Hilfe anfordern konnte.

Noch bevor die Polizei eintraf, rief mich Sadije an. Als ich Sadijes Stimme hörte, wusste ich sofort, dass etwas Schreckliches passiert sein musste. Sie hatte Mühe, zu sprechen. Sie sagte: ‹Ich habe es getan. Was soll ich machen?› Ich antwortete: ‹Nimm ein Taxi oder den Bus und fahr sofort weg. Geh heim oder melde dich bei der Polizei.› Ich sagte zu ihr noch: ‹Ich fahre sofort heim. Wir treffen uns daheim.› Aber sie hatte schon aufgelegt.»

Jusuf atmet auf, wendet sich mir zu und fügt bei: «Ich hatte nur einen Gedanken: Hoffentlich reicht mir die Zeit, um nach Hause zu fahren und meine Kinder in Sicherheit zu bringen.»

Jusuf ahnte, ja, ich glaube, er wusste bestimmt, dass seine Frau soeben Zeqir erschossen hatte. Mir fällt auf: Kein Wort über Ardita! Ich stelle mir vor: Die Ungewissheit über Arditas Schicksal in jener Stunde musste für die Eltern schwer zu ertragen gewesen sein.

Jusuf fährt in der Schilderung jenes verhängnisvollen Tages fort: «Aber ich konnte nicht sogleich von meinem Arbeitsplatz weg und nach Hause fahren. Die Polizei war auf meinen Anruf hin bereits unterwegs und ist dann bei mir im Restaurant wenige Minuten später eingetroffen. Sie konnte die meisten Albaner, die mein Restaurant mit Beschlag belegt hatten, festnehmen, einer ist durch das Fenster ins Freie entwichen. Die Polizei hat mir einige Fragen gestellt und ist dann endlich gegangen. Vom Telefonanruf meiner Frau habe ich nichts verlauten lassen, um möglichst schnell und unbehelligt zu meinen Kindern zurückkehren zu können. Sie waren sicher inzwischen schon von der Schule zurückgekehrt.

Ich bin also etwa nach halb zwei Uhr nach Hause zurückgekommen. Dort fand ich bereits Sadije und die Kinder, die mitbekommen hatten, dass etwas passiert war. Ich habe ohne zu zögern meine beiden Kinder Valentina und Nazmi zu einem Verwandten gebracht und ihm gesagt, er solle sie an einen sicheren Ort bringen, wo niemand sie vermuten konnte. Dann bin ich wieder zur Wohnung zurückgehetzt.

Dort sass Sadije auf einem Stuhl, den Kopf hatte sie auf den Tisch gelegt und weinte. Ihre Haare waren zerzaust und die Kleidung arg durcheinander gebracht. Lange Zeit konnte sie nicht sprechen. Ich versuchte sie zu beruhigen und bettete sie auf das Sofa. Als sie sich nach einiger Zeit erheben konnte, um sich etwas zu waschen, bemerkte ich an ihrem Rücken Spuren eines Kampfes, Schürfungen und Schwellungen und blutunterlaufene Stellen. Als sie endlich sprechen konnte, bemerkte ich, dass ein Stück ihres oberen Zahnes, einer Schaufel, abgebrochen war. Erst als Sadije sich einigermassen beruhigt hat, habe ich die Polizei angerufen und gesagt: ‹Kommen Sie, es ist etwas passiert.› Meine Frau ist einige Minuten später von der Polizei festgenommen worden. Sie liess sich widerstandslos abführen.»

Über Ardita hatten die Eltern damals nicht gesprochen. Das will mir nicht mehr aus dem Sinn. Was hat dieses unverständliche Schweigen der Eltern zu bedeuten? Hat die schreckliche Ungewissheit, wie es ihrer Tochter Ardita in Pristina gehe, einer nicht mehr ansprechbaren, in Worte zu fassenden Resignation und dunklen Angst Platz gemacht? Dass Ardita in Pristina in den Händen von Zeqirs Familie war, wussten sie nach ihren eigenen Angaben von Zeqir selbst.

Mir fällt wieder der jahrhundertealte Brauch des albanischen *Kanun* ein, der den Vater einer Tochter verpflichtete, seinem Schwiegersohn die «Mitgiftpatrone» zuzustecken, damit dieser leichter seine Frau töten konnte, wenn sie versuchen sollte, ihm wegzulaufen. Die Frau galt dem Mann als endgültig ausgeliefert. Hatte Sadije diesen Druck nicht mehr ausgehalten? Lag das Geschehen jenseits des Bereiches, der Worten zugänglich ist und worüber Menschen sich miteinander verständigen können? Dies schien mir eine mögliche, aber nicht hinreichende Erklärung zu sein. Etwas fehlte mir, um das irgendwie kühl-distanziert wirkende Verhältnis der Mutter und auch des Vaters zu Ardita in dieser dramatisch-schicksalhaft zugespitzten Situation ganz zu verstehen. Alles drehte sich um Gewalt, Drohung, verletzte Ehre, Tötung und Rache und kein Wort, was in diesen Stunden mit Ardita passieren könnte! Welch eine unverständliche Welt, in der sich dieses Drama vollzog!

Die Geschichte kippte in meiner Vorstellung für einen Moment ins Mythische. Der alte Brauch zu töten, um die Ehre der Familie zu retten, fiel mir ein. Ich erkundigte mich bei Jusuf Ajazi, welche Rolle der Ehrenmord und die Blutrache in ihrem Land spielten. Er nannte mir als Antwort den albanischen Schriftsteller Ismail Kadare, der über den *Kanun* geschrieben habe.

Durch diesen Hinweis stiess ich auf den Roman «Der zerrissene April» von Ismail Kadare. Ich las eine kommentierte Ausgabe des *Kanun* von Lek Dukagjini, des Gewohnheitsrechts des albanischen Hochlandes, das der Franziskanerpater Shtjefen Gjeçov aufzeichnete und im Jahr 1913 veröffentlichte.

Ich erfahre, dass die Blutrache wieder aufflackerte, als die kommunistische Herrschaft über dem Kosovo zusammengebrochen war.

Seither sehe und verstehe ich die Geschichte der Sadije und ihrer Familie auch als Drama im Bannkreis des *Kanuns*, der aus dem Bewusstsein der Kosovo-Albaner noch immer nicht ganz verschwunden ist. Die neuen, modernen Schichten der Zivilisationen ihres Heimatlandes wie auch ihres Gastlandes Schweiz verdecken mir nun nicht mehr den Durchblick auf diesen düsteren kulturellen Hintergrund.[13]

Mit dem Kugelhagel von Sadije setzte der Niedergang der Familie Ajazi ein. Die bisher schlimmste Zeit für diese Familie – und noch ist die Geschichte nicht zu Ende geschrieben! – ist nicht jene, während der Sadije ihre Strafe verbüsst hat. Die Monate im Sommer 2004, als sie in die so genannte «Halbfreiheit» entlassen und wieder bei ihrer Familie zu Hause arbeiten und wohnen konnte, waren eine vergleichsweise gute Zeit. So lange bestand auch Hoffnung, dass die Machenschaften der Fremdenpolizei nicht zum «Erfolg», zu ihrer Ausweisung führen werden.

Nach der Ausweisung der Mutter erfolgte der finanzielle, physische und psychische Zusammenbruch von Jusuf, von Ardita und auch von Valentina, der jüngsten Tochter. Das war der Beginn der schweren Zeit. Da kamen die Kosten des Strafprozesses[14] und der Justiz als Folge der Rekurse und der Verfahren, die angestrengt worden waren, um die Ausweisung der Mutter zu verhindern. Da kamen die Folgen des Autounfalls beim Vater und des Nierenleidens bei Ardita. Und da kam schliesslich bei ihnen allen die Depression als Reaktion auf die Gewalttat und deren Folgen.

All das kam auf die Familie zu und ergoss sich wie eine Sturzflut auf sie nieder und riss jede Arbeits- und Familienstruktur mit sich fort. Jusuf musste hilflos zusehen, wie seine Familie zerbrach. Ihren Besitz in Pristina, ein Haus, hatten sie schon vor drei Jahren verkauft, um die Kosten des Strafprozesses, die Gerichts-, Verfahrens- und Anwaltskosten zu bezahlen. Dazu kamen die Genugtuungssummen an Zeqirs Verwandte. Das alles verschlang das kleine Vermögen der Ajazis und liess einen untilgbaren Schuldenberg zurück. Jusuf stand wieder wie vor 30 Jahren, als er 18-jährig als Asylant in die Schweiz flüchtete, vor dem Nichts. Er musste wieder an seinen Anfang zurückkehren, aber inzwischen war er Grossvater geworden und alles war noch schwieriger.

Damals bestand seine ganze Habe aus dem, was er auf sich trug. Zuerst war er in Luzern als Gelegenheitsarbeiter und Taglöhner tätig. Als er dort keine Arbeit mehr fand, machte er sich nach Basel auf, fand aber auch hier keine. Er war ein Sans-Papiers. Nachts schlief er auf Parkbänken oder in Gärten. Dieses Von-der-Hand-in-den-Mund-Leben dauerte viele Monate, fast ein halbes Jahr.

Als er nichts mehr zu essen hatte und einige Tage Kohldampf geschoben hatte, schlich er sich bei der Kasse einer Migros-Filiale in der Innerstadt vorbei, einige Brötchen unter den Arm geklemmt. Ein Aufseher kam auf ihn zu, der ihn offenbar schon früher beobachtet, aber durchgelassen hatte. Diesmal rief er: «Nun reicht es aber!» und riss dem Hungerleider den Arm hoch, so dass die Brötchen auf den Boden kugelten. Es entstand vor dem Kaufhaus eine Auseinandersetzung, wobei er albanisch und der Sicherheitsbeamte im Dialekt auf ihn einredete. Da blieb ein Passant auf der Strasse stehen, bot kurzerhand seine Übersetzerdienste an, da er wie Jusuf Italienisch sprach. Der hilfsbereite Herr übernahm die Busse und die Kosten des Brotes.

Daraufhin fasste er Jusuf am Handgelenk und führte ihn auf die Strasse. Dort blieb er einen Moment stehen und fragte: «Junger Mann, willst du arbeiten? Wie heisst du? – Jusuf, willst du arbeiten?» Jusuf bejahte lebhaft.

Dieser Mann, der ihn ansprach, war Willy Monigatti, Inhaber eines etablierten Baugeschäftes in der Nordwestschweiz. Er telefonierte mit seinem Neffen Freddy, der im Betrieb arbeitete, und teilte ihm mit, dass er soeben einen jungen Mann aufgegabelt habe, der als Handlanger auf der Surinam-Baustelle eingesetzt werden könne. Freddy entgegnete, leider sei seine Equipe komplett, er brauche keinen Arbeiter mehr. «Doch», beharrte Willy, «morgen schick ich dir Jusuf, und den sollst du einsetzen.»

Am anderen Morgen erschien Jusuf «im Surinam», so heisst eine Überbauung hinter dem Badischen Bahnhof, und bekam eine Schaufel in die Hand gedrückt. So kam Jusuf durch Zufall zu einer richtigen Stelle auf dem Bau als Handlanger. Er arbeitete hart von früh bis spät; er hatte zu essen und im Baugeschäft eine Bleibe.

Einige Zeit später rächte sich die durchlittene Hungerzeit. Er musste sich wegen eines Magengeschwürs einer Operation im Kantonsspital unterziehen. Entgegen ärztlichem Rat, wohl aus Angst, die Stelle zu verlieren, kehrte er zu früh an seinen Arbeitsplatz zurück und schaufelte den ganzen Tag. Als er am zweiten oder dritten Tag wieder am Schaufeln war, kam der Chef Monigatti, der gerade den Bauplatz inspizierte, entsetzt auf ihn zugerannt und schrie: «Jusuf, Jusuf, was ist passiert?» Er erschrak, als er an sich heruntersah und sein T-Shirt mit seinem eigenen Blut getränkt war. Er sah plötzlich alles rot und verlor auf der Stelle sein Bewusstsein. Die Operationsnaht war aufgeplatzt. Er erwachte erst wieder auf der Notfallstation des Kantonsspitals.

Willy Monigatti, selbst kinderlos, sorgte sich um ihn wie um einen eigenen Sohn. Als Jusuf wieder auf den Beinen war, bildete er ihn zum Kranführer aus. Anschliessend setzte er ihn als Chauffeur ein, was ihm später noch nützen sollte, da es ihm erlaubte, für ein Transportgeschäft tätig zu werden. Schliesslich schickte Monigatti ihn nach Sursee in die Baumeisterschule, damit der junge Mann aus dem Kosovo an Renovationen von Liegenschaften mitwirken konnte.

Als Monigatti viele Jahre später sein Geschäft verkaufte, kam Jusuf – wieder durch Zufall – mit dem Inhaber eines grossen Transportunternehmens in Kontakt, wurde als Chauffeur eingestellt und lernte auf diese Weise das Speditionsgeschäft kennen. Nebenher half er in Restaurants als Kellner oder in der Küche aus. Dort machte er die Bekanntschaft mit Willy Meyer, dem Inhaber des renommierten Restaurants «Börse». Als diesem ein Koch fehlte, bot ihm Willy Meyer diese Stelle an. Kurz entschlossen sagte Jusuf zu. Und so wuchs Jusuf immer mehr in die Gastronomie hinein.

Kaum ein Jahr später bot sich ihm die Gelegenheit, die Geschäftsführung des von Jugendlichen frequentierten «Sherlock's Pub» zu übernehmen. Das war in jeder Hinsicht ein voller Erfolg.

Einige Jahre später konnte Jusuf schliesslich das auf dem südlichen Hügel von Basel, auf der Batterie, gelegene Restaurant «Hermitage» pachten. Damit hatte er eine beachtliche und harte Karriere vom Sans-Papiers, vom Handlanger und Saisonnier zum Geschäftsmann mit festem Wohnsitz in der Schweiz zurückgelegt.

Aufgewachsen ist der Albaner Jusuf mit seinen acht Geschwistern im Südosten des Kosovo, im ländlichen Grenzgebiet zu Mazedonien. Sein Vater betrieb dort einen kleinen Warenhandel. Jusuf gehörte in der dritten Generation formell der römisch-katholischen Kirche an, einer kleinen religiösen Minderheit im Kosovo.

Seine Frau Sadije lernte er in der Gewerbeschule Gjilan kennen. Im Unterschied zu ihm, der praktisch ohne Glauben aufwuchs, ist seine Frau, die aus dem Norden stammt, Muslima. Ihr Vater war Schreiner und hatte vier Töchter und vier Söhne.

Nach den tödlichen Schüssen zerbröselte Jusufs bürgerliche Existenz wie eine Sandburg, die am Ufer von einer heranrollenden Welle des Ozeans erfasst und platt gemacht wird. «Ich frage mich, womit habe ich das alles verdient? Andererseits sage ich mir: Sadije lebt. Es hätte noch schlimmer kommen können. Es ist gut, dass meine Frau die Kraft hatte, es zu tun, und es überlebt hat. Hätte sie ihn nicht umgebracht, wäre sie jetzt tot und vielleicht auch Ardita und ich selbst, wer weiss.»

Jusuf versinkt in einen Abgrund schwerer Gedanken und bitterer Gefühle.

Jusuf Ajazi äussert mir gegenüber den Wunsch, von Mann zu Mann mit dem Chef der Basler Fremdenpolizei zu sprechen, um ihm das Schicksal seiner Familie darzulegen, es ihm nahe zu bringen und verständlich zu machen. Er ist überzeugt, wenn er mit dem Beamten sprechen und dessen Vorstellungs- und Einfühlungskraft etwas schärfen könnte, dass sich bei seinem Gesprächspartner unfehlbar die Einsicht durchsetzen müsste, dass solche Massnahmen wie die Ausschaffung seiner Frau keinen Sinn machen, dass sie schikanös, daher letztlich als lebensfeindlich abzulehnen sind. Niemand, der das realisiert, dem das bewusst wird, könne das wollen, was mit Sadije und damit mit seiner Familie durch die zwangsweise Ausschaffung seiner Frau passiert. Das ist Jusufs Einsicht, seine Erkenntnis aus dieser Entwicklung, sein Fazit, das er aus seiner Familiengeschichte zieht. Jusuf strahlt mit seinem Lächeln, das immer wieder während des Gespräches aufblitzt, Wärme und Menschenfreundlichkeit aus. Er ist ein Mensch in Sorge, aber kein gebrochener Mann.

III. Violetta, Zeqirs Ehefrau

Als ich Violetta telefonisch anfragte, ob sie mit mir über ihre Ehe mit Zeqir sprechen möchte, da ich die Geschichte über seinen gewaltsamen Tod aufarbeitete, sagte sie spontan zu und fügte lediglich an: «Das gibt eine lange Geschichte.»

Ich lud sie zum Mittagessen in ein Restaurant in Bern ein, wo sie wohnt. Sie zog es vor, mich um 13 Uhr 30 in der Nähe des Bahnhofs in einem Café zu treffen. Sie war ungefähr gleich alt, wie Zeqir jetzt wäre, wenn er noch lebte, nämlich Mitte dreissig. Sie ist Bernerin; ihr Vater ist Italiener.

Sie lernte Zeqir als 26-Jährige in einer Disco kennen. Er war ein cooler Typ, 1 m 85 gross, schwarzhaarig, mit grünen Augen. Er gefiel ihr sehr. Sie wohnte damals als einzige Tochter bei ihrer Mutter in Bern. Sie war als Coiffeuse tätig.

Nach einer schönen Bekanntschaftszeit von etwa einem halben Jahr heirateten die beiden in Muri, wo Zeqir seine Schriften deponiert hatte, obwohl er in Bern wohnte. Er arbeitete zu jener Zeit temporär an verschiedenen Stellen, wahrscheinlich auf dem Bau, Näheres wusste sie nicht mehr. Sie seien in der Umgebung von Bern oft zusammen spazieren und abends gemeinsam in den Ausgang gegangen. Ab und zu habe er auch Kollegen getroffen, ein Problem wäre das aber nicht gewesen.

Ihre Mutter sei ihm gegenüber misstrauisch gewesen und habe ihn einmal ausdrücklich gewarnt, dass es ihm schlecht erginge, wenn er ihre Tochter grob anrühren sollte. Dies habe sie mehr aus ihrem Vorurteil gegenüber Menschen aus dem Balkan gesagt. Es sei nichts Derartiges vorangegangen, was eine solche Bemerkung gerechtfertigt hätte. Es ist auch denkbar, dass sie aus einem mütterlichen Instinkt heraus Zeqir als gewalttätig einstufte. Jedenfalls stellte sich ihre Mutter von Beginn an gegen eine Verbindung ihrer Tochter mit Zeqir. Trotzdem habe sie Zeqir anfangs 1997 in Muri geheiratet. Ihr Vater lebte damals bereits von ihrer Mutter getrennt und wieder in Italien und konnte nicht mitreden. Violetta spricht ruhig, fast sachlich, auch mit Einfühlung und Scheu ihrer eigenen Vergangenheit gegenüber; ein Beschlag von Traurigkeit auf dem Spiegel ihrer Erinnerung ist nur zu ahnen.

Da fragte ich sie direkt, ob Zeqir sie bedroht habe. Nein, er habe sie nie bedroht. Ob sie Waffen, Schusswaffe oder Stellmesser, bei ihm entdeckt hätte? Nein, nichts Derartiges habe sie je feststellen können. Ob er sie geschlagen hätte? Nein, während der Bekanntschaftszeit sei es nie zu Auseinandersetzungen gekommen. Sie hätten auch hin und wieder gestritten, er habe sie dabei auch angefasst, aber es sei nichts Ernsthafteres passiert.

Ich war etwas überrascht über dieses doch recht harmlose Bild, das sie von Zeqir mir gegenüber zu zeichnen begann. Darauf erzählte mir Violetta, dass er den Wunsch geäussert habe, mit ihr nach Basel zu ziehen. Ich fragte sie, wieso er das wohl getan habe.

«Damit er mit mir machen konnte, was er wollte.» Mit diesem Satz zeichnete sich unvermittelt etwas Hartes in der Darstellung ihrer Beziehung zu Zeqir ab, das sich bisher kaum an die Oberfläche oder gar bis zu ihrer Zunge vorgewagt hatte.

«Er hatte vor meiner Mutter immer grossen Respekt», sagt sie, und ich spüre ihr Gefühl einer immer noch ungebrochenen, stolzen und doch verhüllten Geborgenheit. Als sie in Basel lebten, war sie völlig isoliert. Nicht nur war sie der mütterlichen Obhut entzogen, sie hatte dort auch keine Freundinnen oder Kollegen. Wo sie gewohnt hatten, weiss sie nicht mehr. – Doch, es war in der Nähe des Bahnhofs. Im Gundeldingerquartier? Das ist möglich. Ihre Erinnerungen an jene Zeit sind zunächst lückenhaft.

«Bis zur Trennung am 9. April 1997 sind wir in Basel nur gerade vier Monate zusammen gewesen. Dort haben meine Probleme mit ihm begonnen. Er ging nun abends immer öfter aus, bald täglich. Oft besuchte er auch seine Schwester Mirlinda, die wie wir in Basel wohnte. Zu ihr habe ich ein gutes Verhältnis entwickelt. Sie hat mich verstanden und hat während den schlimmen Monaten immer wieder versucht, mir zu helfen. Aber gegenüber ihrem Bruder Zeqir war auch sie machtlos.

Dieser hat mich immer wieder geschlagen, teilweise auch vor Mirlinda und deren Mann. Zeqir hatte auch einmal seine Eltern von Pristina in unsere Wohnung eingeladen. Er hat mich vor den Augen seiner eigenen Eltern geschlagen. Zeqirs Mutter hat auf Albanisch protestiert, und wir haben miteinander mit Händen und Füssen gesprochen, weil ich nicht albanisch und sie nicht deutsch sprechen konnte. Der Vater war über sechzig Jahre alt und konnte sich gegen seinen Sohn nicht durchsetzen.

Wieso er mich geschlagen hat? Das waren kleine, unwichtige Sachen. Irgendein falsches Wort, und schon begann der Streit, der in Schlägen endete. Ob er eifersüchtig gewesen sei? Krankhaft eifersüchtig war er. «Wenn ich mich auf der Strasse umsah, gab es Streit. Ich meine, wenn ich mich ganz gewöhnlich umsah und einem Mann ins Gesicht blickte, wurde er furios und herrschte mich an: ‹Was ist, hat er es dir angetan oder was?› Man musste mit Scheuklappen durch die Stadt gehen. Handkehrum, wenn ich zu Boden sah, um Streit zu vermeiden, konnte er mich gereizt fragen, wieso ich zu Boden ‹stieren› würde.» Wenn es zu Hause zu Auseinandersetzungen gekommen sei, sei sie «durch die Wohnung geflogen».

Ich will wissen, wieso sie ihn nicht schon nach den ersten Schlägen verlassen habe. «Es war nicht einfach, ihn zu verlassen. Er war sehr clever und gut organisiert. Er hat mich systematisch eingeschüchtert. Er sagte: ‹Pass auf, was du machst. Du wirst beobachtet.› Als ich ihm einmal sagte, ich würde ihn verlassen, hat er gedroht, es würde etwas mit meiner Familie passieren.»

Plötzlich wendet sich das Blatt der Erinnerung gegen Zeqir, und alles tönt ganz anders als zu Beginn des Gesprächs. Violetta erklärte mir, dass ihre Erinnerung erst jetzt beim Sprechen wieder einsetze und die Ereignisse allmählich wieder in ihr hochkämen. In den letzten Monaten vor der Trennung habe eine rasante und bösartige Steigerung seiner Gewaltausbrüche stattgefunden. Schliesslich mussten Zeqirs Aggressionen gegenüber Violetta in Orgien körperlicher und seelischer Misshandlungen ausgeartet sein. Sie habe täglich um die Kraft gebetet, ihn verlassen zu können.

«Ich habe das nie vorher und nie nachher getan, damals aber habe ich intensiv gebetet. Als er spürte, dass ich ihn verlassen wollte, schärfte er mir ein, er habe viele ‹gute Beziehungen› in Italien. Wenn er jemanden umlegen wolle, brauche er das nicht selbst auszuführen. Das war an die Adresse meines dort lebenden Vaters gerichtet. Er drohte, meiner Familie etwas anzutun, falls ich mich über ihn irgendwie beschweren sollte. Er erging sich oft auch in dunkeln Andeutungen, die nicht auf den ersten Blick als Drohungen zu erkennen waren.

Als wieder einmal Streit zwischen uns ausgebrochen war, hat er zu mir gesagt: ‹Wer weiss, vielleicht springst du plötzlich vom Balkon.› Seine Redeweise war geschliffen, er konnte sich auf Deutsch gut ausdrücken.

Er hat zwar nie versucht, mich in der Wohnung einzuschliessen, aber er hat mir meine Telefonkarten weggenommen. Ich habe sie später in meinen Stiefeln versteckt, und dort hat er sie dann nicht mehr gefunden. Seine Wohnung hatte keinen Telefonanschluss an das Festnetz.

Er hat mich so weit gebracht, dass ich aus Angst, ich würde beobachtet, mich einfach in das Tram gesetzt habe und herumgefahren bin, um auf diese Weise ein wenig die Stadt Basel kennen zu lernen. Ich hätte mich nie getraut, mich mit jemandem in einem Restaurant oder Café zu verabreden.»

Die letzte Zeit musste für sie die Hölle gewesen sein, obwohl sie selbst solche Überhöhungen oder Verallgemeinerungen im sprachlichen Ausdruck strikte mied. Auch Begriffe wie «Gewaltorgie» oder «Misshandlung» verwendete sie selbst nicht, obwohl das, was sie mir sagte, darauf hinauslief. Sie blieb immer konkret, soweit sie sich erinnern konnte. Am 9. April 1997 floh sie ins Berner Frauenhaus und wohnte anschliessend wieder bei ihrer Mutter in Laupen.

Als ihr drei Jahre nach ihrer Trennung vom Berner Polizeikommando mitgeteilt wurde, vielleicht eine Stunde, nachdem es geschehen war, dass ihr Mann erschossen worden sei, habe sie nur lapidar gesagt: «Ja. Gut!»

Etwa eine Stunde zuvor sei sie auf offener Strasse, unmittelbar nachdem sie das Arbeitslosenamt[15] an der Laupenstrasse in Bern verlassen habe, angehalten geworden, und man habe sie nach ihrem Alibi befragt. Anfänglich wusste die Polizei nur, dass in Basel «eine Frau» auf offener Strasse auf Zeqir geschossen habe. Sie wäre als Täterin grundsätzlich in Frage gekommen. Aber nach etwa zwei Stunden hätte sie nach Hause gehen können. Als sie wieder im Freien war, sei sie so erleichtert gewesen, dass sie laut vor sich hin gelacht habe, obwohl sie allein war.

Wie ich mich verwundert zeigte, dass sie drei Jahre nach der Trennung noch derart emotional reagiert habe und sich erleichtert fühlen konnte, entgegnete sie: «Ich habe die ganze Zeit gebraucht, um die Verletzungen körperlicher und seelischer Art zu verarbeiten, die er mir zugefügt hatte. Er hat mir Fusstritte verpasst, und noch heute habe ich Rückenprobleme, die wahrscheinlich damit zusammenhängen.»

Sie hielt einen Moment inne und fügte nachdenklich an, ohne dass äusserlich eine Emotion oder auch nur eine grössere Hemmung ihres gleichmässigen Redeflusses für mich feststellbar war: «Es brauchte sehr viel Kraft, Mut und Entschlossenheit, Zeqir umzubringen. Es war schwierig, fast unmöglich, an ihn heranzukommen, und auch sehr gefährlich. Meine Mutter hätte ihn umgebracht, wenn sie die Kraft dazu aufgebracht hätte. Auch ich hätte es getan, wenn ich den Mut dazu gefunden hätte. Ich habe ja nie erfahren, wer ihn umgebracht hat, bis Sie es mir mitgeteilt haben. Ich habe mir immer vorgenommen, der Frau, die ihn umgebracht hat, zu gratulieren, wenn ich ihr einmal begegnen sollte.»

Darauf fragte ich sie, ob sie eine Fotografie dieser Frau sehen möchte. Als ich sie ihr vorlegte, betrachtete sie das Bild einige Sekunden und bemerkte schlicht und bewundernd: «Eine schöne Frau. Sagen Sie ihr, dass ich ihr gratuliere. Das braucht Mut und Kraft. Sagen Sie ihr, dass ich ihr gratuliere. Wie hoch ist die Strafe, die sie bekam? – sechseinhalb Jahre! Das ist sehr viel!» Ich fragte sie, was sie erwartet hätte. «Höchstens zwei bis drei Jahre, keinesfalls mehr!» Sie sprach über die deutsche Gerichtspraxis, die sie aus Fernsehgerichtssendungen mit Barbara Salesch und Richter Holt kannte. Sie war überrascht, dass sie im Basler Strafprozess vor Gericht nicht als Zeugin aussagen musste. Das Ganze sei wahrscheinlich auf die Schnelle erledigt worden.

Ich erzählte ihr, dass das Gericht festgehalten hat, die Mutter hätte Zeqir «aus nichtigem Grund» erschossen.

«Aus nichtigem Grund?», wiederholte sie ungläubig und erstaunt. Ja, das Gericht kam zum Schluss, die Mutter habe ihn erschossen, weil er am Abend davor nicht zur Aussprache bei seiner Schwester Mirlinda gekommen sei.

«Darum geht es doch nicht. Die Mutter wollte ihre Tochter schützen. Das ist doch klar.» Sie wirkte erstaunlich ruhig, sicher und überzeugt, als sie diese Worte aussprach.

Ich erzählte ihr, dass die Frau, die Zeqir erschoss, vor Gericht aussagte, Zeqir habe unmittelbar vor der Tat versucht, sie zu vergewaltigen. Violetta konnte das nicht nachvollziehen. Sie runzelte die Stirn und sagte in ihrem sachlichen Ton, der in einem seltsamen Gegensatz stand zu den brutalen Vorfällen, von denen sie erzählte: «Vielleicht hat er die Mutter vorher bewusstlos geschlagen. Das könnte der Grund sein, dass sie die Ereignisse dieses Tages nicht mehr ganz auf die Reihe bekommt. Er hat mich auch einmal so geschlagen, dass ich das Bewusstsein verlor und er mich mit kaltem Wasser aufwecken musste. Nachher habe ich den Ablauf der Ereignisse auch nicht mehr ganz auf die Reihe bringen können.»

Als ich sie fragte, wieso sie auch nach der Trennung von Zeqir solche Angst vor ihm hätte, erklärte sie das so: «Ich getraute mich während eines Monats nach unserer Trennung überhaupt nicht mehr, das Haus zu verlassen, aus Angst, er könnte wieder zurückkehren und sich an mir rächen. Ich habe ihn verlassen, nachdem er mich damals so stark misshandelt hatte, dass ich es nicht mehr länger aushalten konnte. Überstürzt und nur mit ein paar persönlichen Sachen auf mir, bin ich ins Berner Frauenhaus geflüchtet. Von dort konnte ich die Polizei avisieren. Ich hätte am anderen Tag zum Arbeitsamt stempeln gehen sollen. Das wusste Zeqir, und ich weigerte mich, dorthin zu gehen. Die Sozialarbeiterin hat deswegen auf dem Amt angerufen und dies erklärt. Die Beamtin hat ihr daraufhin mitgeteilt, dass Zeqir genau zur festgesetzten Zeit um acht Uhr auf dem Amt erschienen sei und sich nach ihr erkundigt hätte.»

Ich teilte Violetta mit, dass Ardita im Nachhinein Zeqir verdächtigte, er habe sie in Bern wiederholt getroffen. Ardita und ihre Familie hätten erst nachträglich erfahren, dass Zeqir bereits mit ihr verheiratet war, als er mit Ardita nach albanischem Ritus Hochzeit feierte. Violetta entgegnete, sie hätte ihrerseits nach der Trennung von Zeqir lediglich erfahren, dass er wieder «eine Freundin» habe. Noch später erfuhr sie von seinem gewaltsamen Tod. Mehr und Genaueres wusste sie nicht über das weitere Schicksal von Zeqir bis zu unserer Begegnung in Bern.

Ich fragte sie, ob er nach ihrer Trennung im April 1997 nochmals bei ihr aufgekreuzt sei oder ob sie ihn in anderem Zusammenhang wieder getroffen hätte. Nein, bei ihr zu Hause sei er nach ihrer Flucht und Trennung nie mehr gewesen. Sie hätten sich noch einmal vor Gericht in Begleitung ihrer Anwälte getroffen, um eine Trennungsvereinbarung auszuhandeln. Ihrer Scheidungsklage habe er sich widersetzt. Sie wisse nicht, warum. Sie habe auf einen

Unterhaltsbeitrag für sich verzichtet. Durch seinen Tod sei sie Witwe geworden; Kinder hätten sie glücklicherweise keine miteinander gehabt.

Ja, er sei dann noch einmal nachträglich in Erscheinung getreten, und zwar nachdem sie bereits ihren jetzigen Ehemann kennen gelernt hatte. Sie und ihr Mann seien zusammen im Kurhaus in Bern gewesen, als Violetta plötzlich einen der Kollegen von Zeqir entdeckte, der auch sie erkannt hätte. Sie hätte sofort gedacht, jetzt werde telefoniert, und dann «geht irgendeine Sache ab». Und so war es auch. Als sie zu ihrer Mutter heimfahren wollten, wo sie mit ihrem Mann noch wohnte, stellten sich ihnen fünf oder sechs Autos in den Weg und riegelten die Strasse ab. Einige der Insassen waren ausgestiegen, und sie erkannte unter ihnen Zeqir. Da noch keine halbe Stunde verstrichen war, seitdem ein Kollege von Zeqir sie erkannt hatte, musste dieser sich in der Nähe von Bern aufgehalten haben. Zum Glück gelang es ihrem Mann, den Wagen rechtzeitig vor der Strassensperre zu wenden und per Handy die Polizei zu avisieren. Als diese endlich kam, war Zeqir mit seinen Kollegen längst verschwunden.

So sei das immer gewesen mit der Polizei. Sie hätten gegen Zeqir nie etwas unternehmen können, weder in Basel noch in Bern. Immer habe es am Beweis gefehlt oder seien sie zu spät gewesen. Ich fragte sie noch, ob sie eine Fotografie von Zeqir besitze: «Nein, ich habe alle vernichtet.»

«Wann?», fragte ich.

«Als ich wusste, dass er umgebracht worden war.»

Nachdem sie mir die ganze Geschichte erzählt hatte, realisierte ich, dass wir gar nichts gegessen hatten, obwohl ich sie gleich zu Beginn dazu animierte, wenigstens eine Kleinigkeit zu sich zu nehmen.

Sie hatte nichts zu Mittag gegessen, weil sie vor unserem Treffen noch ihr schwerkrankes Kind, das an Fibrose und einer Darmkrankheit litt, im Spital besucht hatte.

Wie ich mich auf der Strasse von der jungen Frau, die sportlich und kräftig wirkte, verabschiedete, spürte ich, dass es für sie noch immer eine Erleichterung gewesen ist, über Zeqir frei und furchtlos sprechen zu können. In ihren Äusserungen schwang zudem so etwas wie ein Anflug von spätem Triumph mit. An der Tiefe und Langlebigkeit ihrer Gefühle, die sie noch nach über sieben Jahren seit ihrer Trennung empfunden hat, ermesse ich die Schwere ihrer Verletzungen, die ihr Zeqir damals zugefügt haben musste.

IV. Sadije, die gerichtliche Wahrheit über eine Mutter, die tötete

Zu Sadijes Geschichte gibt es eine gerichtliche, also eine offizielle Wahrheit. Sie ist im Urteil, das am 7. März 2002, also nahezu zwei Jahre später, über sie und ihre Gewalttat gesprochen worden ist, festgeschrieben. Aus nichtigem Grund hat Sadije den Zeqir, ihren Schwiegersohn, umgebracht. Aus Wut und Empörung habe sie Zeqir getötet, weil er am Tag zuvor eine Besprechung bei seiner Schwester Mirlinda ausgeschlagen habe.

In den zwei Wochen vor der Tat war Sadije gemäss den Worten des Urteils «einer nervlichen Belastungssituation ausgesetzt, die sich gegen Schluss immer mehr zuspitzte durch Zeqirs Misshandlungen ihrer Tochter Ardita, durch dessen Provokationen und Drohungen, die in den nächtlichen Todesdrohungen gegenüber ihrem Ehemann und – am Tattag – im tätlichen Angriff auf sie selbst gipfelten». Der Strafmilderungsgrund des «Zorns oder grossen Schmerzes über eine ungerechte Reizung oder Kränkung» im Sinne von StGB Art. 64 al. 6[16] wird der Mutter verweigert. «Sie musste zum vornherein mit einer Auseinandersetzung rechnen», sagt das Urteil, und hinter Klammern gesetzt ist die Zahlenfolge 104 IV 238 angefügt, das Zitat eines höchstrichterlichen Entscheids aus Lausanne, der in anderer «Sache» ergangen ist.

Der Gerichtspsychiater spricht in medizinisch schablonenhafter Sprache von einer «affektiven Belastungssituation und Anpassungsstörung gemäss ICD-10[17], gestützt auf die Aussagen der Angeklagten und die Ereignisse im Vorfeld der Tat und die erkennbaren Symptome wie Anspannung, Ärger und Angst».

Als Quelle von Sadijes Angst wird im Urteil die Angst um ihr eigenes Leben und um das ihres Ehemannes und ihrer Tochter Ardita genannt.

Vergeblich versuchten Ermittlungsbehörden und Strafgericht die Ereignisse am Tattag genau zu rekonstruieren. Es gab Widersprüche und widersprüchliche Aussagen der Angeklagten selbst. Klar ist nach dem Urteil, dass Sadije sich kurz vor Mittag zur Wohnung von Zeqir und Ardita an der Jägerstrasse begab und an der Gegensprechanlage um Einlass bat, um endlich Ardita zu sehen. Dort hörte sie Zeqirs Stimme: «Ardita ist gestorben.» So steht es im Urteil.

Ich frage mich, was dieser Satz bedeutet, welche Gefühle er in Sadijes Herzen ausgelöst haben musste. Das ist nicht einfach festzustellen. Bestimmt ist das ein wichtiger Satz, ein verschlüsselter Satz und – wenn wir ihn dekodieren könnten – vielleicht sogar ein Schlüssel zum Verständnis des Tötungsdramas.

Vor Gericht sprach Sadije albanisch, und eine eigens vom Gericht zu diesem Zweck ausgesuchte Übersetzerin übertrug laufend zuhanden des Gerichtsprotokolls deren Aussagen. Allerdings verwenden die Basler Gerichte keine diplomierten Dolmetscher, sondern haben eine handverlesene Gruppe von Leuten aus den verschiedensten Berufsgattungen zur Hand, die wegen ihrer Sprachkenntnisse von Fall zu Fall stundenweise aufgeboten, vereidigt und mit einem bescheidenen Entgelt für ihre Dienste entlöhnt werden.

Zunächst interessiert die Bedeutung, die Zeqir selbst diesem Satz beimass, vorausgesetzt, dass er ihn denn wirklich so gesprochen hat. Einzig Sadije verbürgt der Nachwelt die Wahrheit dieses Satzes. Für dessen korrekte Übersetzung ist zudem die Übersetzerin, für die Protokollierung der Übersetzung ist wiederum eine weitere Person, die Protokollführerin, mitverantwortlich. Es ist schwer abzuschätzen, ob die Übersetzung sich an den genauen Wortlaut oder doch mehr an den allgemeinen Sinn der Aussage nach Einschätzung des Übersetzers anlehnt. Ganz unmöglich ist es, zu rekonstruieren, ob – was immer wieder vorkommt – der Wortlaut des Protokolls erst nach einer Diskussion zwischen dem vorsitzenden Richter und dem Dolmetscher über die genaue Formulierung zu Stande gekommen ist. Bisweilen verbeissen sich auch Dolmetscher, die ihre Sache besonders gut machen wollen, aus eigener Initiative mit den Angeklagten oder Zeugen in Wortgefechte, um den Sinn der Aussage zu konkretisieren. Zudem gilt es immer zu beachten: Vor Schweizer Gerichten wird vieles im Dialekt verhandelt und vorgetragen, das Protokoll ist wiederum eine Rückübertragung der mündlich vorgetragenen Dialektaussage in die – mit Helvetismen durchsetzte – deutsche «Standardsprache».

Wie will das Gericht und wie wollen wir wissen, was sich wirklich abgespielt hat? Es ist eine mehrfach gebrochene Realität, die wir die gerichtliche Wahrheit nennen. Meist sogar sprechen wir nur von der Wahrheit, oder noch naiver erzählen wir, es habe sich das und jenes zugetragen, er habe dies und sie habe das getan.

Wenn ich mir vorstelle, wie vor Gericht Fakten ermittelt werden, wird mir schwindlig. Wenn ich daran denke, wie viele Fehlerquellen hier auf einmal aufeinander stossen und wie viel doch für die Beteiligten und Betroffenen abhängt von diesem Gemisch aus Wissen, Erinnern, Verdrängen und Wünschen, aus Angst und Freude, aus

List, Missgunst, Hass und Lüge, aber auch aus Mitgefühl und Pflichtgefühl, dann wird mir übel. All dieses Wissen, Erkennen und Fühlen findet Zugang zur Domäne der gerichtlichen Wahrheit, welche das Schicksal der vom Gericht und seinem Urteil Betroffenen bestimmt und diese oft am Boden zerdrückt.

Angesichts dieser Ausgangslage erscheint mir meine Frage nach der Bedeutung dieser festgehaltenen Worte fast als anmassend oder müssig. Trotzdem muss ich mich zuerst mit dem Faktenmaterial auseinander setzen, das auch dem Gericht zur Verfügung stand. Erst dann kann ich weiterforschen. Ich stelle mir also aufgrund des protokollierten Satzes die Frage: Wollte Zeqir seiner Schwiegermutter mit diesen Worten bedeuten: «Ardita ist für dich gestorben. Sie ist nicht mehr deine Tochter. Ich besitze sie als Mann. Frag nicht mehr nach ihr.» Oder war es wieder eine seiner geschliffenen, verdeckten Drohungen, von denen Violetta mir erzählt hat? Dann könnte der Satz bedeuten: «Wenn du nicht aufhörst, mich aufzusuchen und zu belästigen, dann passiert Ardita etwas.»

Und wie klang dieser Satz in den Ohren von Sadije, als sie gegen die Mittagszeit die drei Stufen zum Hauseingang der Jägerstrasse 4 hochgestiegen war, um vor der verschlossenen Haustür des Mehrfamilienhauses zu läuten und Zeqirs Stimme an der Gegensprechanlage zu vernehmen? Fasste sie den Ausspruch in ihrer Angst und ihrem Zustand der Erregung, in der sie sich bereits befunden haben musste, wie eine Todesnachricht auf, verstand sie ihn also zum Nennwert der Aussage: Ardita ist tot!? Versetzte diese Nachricht sie in einen Zustand des Schocks, der dann in helle, unbändige Wut überging?

Wie ich Sadije Jahre später und nach der Verbüssung ihrer Strafe auf diesen wohl entscheidenden Satz anspreche, weicht sie meiner

Frage aus. Zeqir habe vieles gesagt und getan. Ich habe den Eindruck, dass sie von allen, mit denen ich gesprochen habe, diejenige ist, die ihre eigene Geschichte am wenigsten versteht. Sie handelte. Ihre Aussage ist in ihren Handlungen verborgen. Darüber hinaus ist sie zu keinen weiteren Worten und Erklärungen bereit oder fähig. Sie hat die Geschichte gemacht, so wie das Gericht sein Urteil gemacht hat. Ihr furchtbarer und entscheidender Anteil an der Geschichte ist damit endgültig abgearbeitet.

Gemäss dem Text des Strafurteils öffnete Zeqir Sadije die Türe, schlug ihr aber die zum Gruss hingehaltene Hand weg. Aber wieso hielt sie ihm überhaupt ihre Hand zum Gruss hin, als Zeqirs Satz über Arditas Tod noch in ihren Ohren nachgeklungen haben musste? Das erscheint nach meinem Empfinden schwer verständlich, ja widersinnig. Wieso sollte Sadije den Mann grüssen, den sie nur wenige Minuten später mit sieben Kugeln aus ihrer Pistole niederstreckte?

Aber was sagt meine Empfindung über das Drama aus, das sich zwischen Sadije und Zeqir in jenen Minuten abspielte? Höchstens, dass mein Wissen und Verstehen begrenzt, borniert ist. Können wir zum Beispiel verstehen, wieso es nach dem *Kanun* dem Blutrücher aufgetragen war, bevor er den tödlichen Schuss auf den Blutgeber abgab, diesen beim Namen anzurufen und grüssend seinen eigenen Namen zu nennen? Dies nach der Art: «Giorg, dich grüsst Zef Kryeqyqe!»[18] Erst dann war der Todesschuss des Zef auf Giorg, die «miteinander im Blute standen», nicht unehrenhaft abgegeben.

Sadije soll nach ihren eigenen Aussagen, die sie fast fünf Jahre später auch mir gegenüber wiederholte, damals am Tag ihrer Rache von Zeqir in dessen Wohnung erfahren haben, dass Ardita nicht da sei, weil er sie in den Kosovo geschickt habe. Sie wusste somit, dass

Ardita nicht tot war. Es ist ungewiss, ob diese neue Nachricht Sadije etwas beruhigt hat oder ob es im Gegenteil diese Neuigkeit – ihre Tochter in der Gewalt von Zeqirs Familie im Kosovo zu wissen – war, die Sadije schliesslich zum Äussersten, zum Töten getrieben hat. Wenngleich sie nun wusste, dass Zeqirs Worte zur Begrüssung keine Todesnachricht enthielten, mussten sie zur ernsten Drohung werden: Ardita war abseits in Zeqirs Gewalt. Gemäss dem Urteil des Basler Strafgerichts, das sich auf Tatortspurensicherung und Gerichtsmedizinisches Gutachten, aber auch auf Zeugenaussagen und Aussagen von Sadije selbst stützt, ist es an jenem Tag um 11.45 Uhr in der Wohnung zu einem lauten Wortwechsel und zu einer «tätlichen Auseinandersetzung» zwischen den beiden gekommen.

Weil die Wohnung keine Kampfspuren aufwies, nimmt das Gericht an, die Auseinandersetzung sei nicht heftig gewesen. Das Gericht glaubt Sadijes Aussage nicht, dass Zeqir die Hosen heruntergelassen und versucht habe, sie zu vergewaltigen. Sie glauben Sadije nicht, dass er sie an den Kleidern gerissen, auf den Kopf geschlagen und am Hals gepackt und sie zu Boden geworfen habe. Dies, obwohl die Polizei bei der Angeklagten ein zerrissenes Unterleibchen sichergestellt hat. Sadije hatte nämlich überdies zu Protokoll gegeben, Zeqir habe nach ihrem Kommen seine Wohnungstüre verriegelt.

Eine Nachbarin bezeugte jedoch vor Gericht, die Wohnungstüre sei offen gestanden, «während sie ein lautes Gespräch gehört habe». Wenn das zutrifft, was die Nachbarin als Zeugin ausgesagt hat, beweist die offene Türe, dass Sadije offenbar in die Wohnung «hineinstürmte» und dass die Situation derart gespannt war, dass Zeqir nicht dazu kam, die Türe zu schliessen, was doch ebenfalls recht ungewöhnlich ist.

Sadije musste vor Angst und Wut schon innerlich gekocht haben, als sie Zeqir in seiner Wohnung aufsuchte. Sie war bereits gedemütigt, die Ehre der Familie Ajazi bereits verletzt worden. Zeqir hatte ihre noch minderjährige Tochter mit List und Lüge entführt und in seine Gewalt gebracht. Gemäss der traditionellen Familienkultur im Kosovo war eine ausvereheliche Beziehung ein schwerer Sittenverstoss, der die Ehre der ganzen Familie der Frau aufs Spiel setzte.[19]

Die Auseinandersetzung in Zeqirs Wohnung war der Tropfen, der das Fass zum Überlaufen brachte. Die Richter können die verzweifelte Situation der Sadije ebenso wenig verstehen, wie sie den folgenschweren Satz des *Kanun* kannten, dass jemand sein Leben, aber niemals seine Ehre verlieren darf. Im Urteil ist darüber kein Wort zu finden. Ein Schweizer Gericht darf sich nicht für den albanischen Ehrenkodex interessieren, ohne sich der Lächerlichkeit preiszugeben. Ein derartiger Hinweis auf solch Gewohnheitsrecht könnte zudem leicht als rassistische Überheblichkeit über die albanische Kultur missverstanden werden.

Und doch ist im Kosovo nichts so wirksam wie die tief im Volksglauben verwurzelte Vorstellung der Ehre: Die Ehre steht über dem Leben. Die ganze Erde Nordalbaniens und des Kosovo atmet noch den dumpfen Geist der durch die Blutrache in die Erde zurückgebrachten Rächer und wiederum Gerächten. Noch immer fordern diese unzähligen Toten, die zur Rettung ihrer Ehre getötet haben und dann selbst einen ehrenhaften Tod gestorben sind, von den Lebenden den Tribut, den gleichen unseligen Weg zu gehen, den sie ihren eigenen Ahnen folgend gegangen waren. Und diese Herrschaft der Toten geht weit über das hinaus, was die von ihrer heimatlichen Erde Losgelösten und wieder Heimgesuchten bewusst erleben und verstandesmässig verarbeiten.

Eine Vorstellung, die auf Aussenstehende, die modern denken und die dem Ehrenkodex nicht unterworfen sind, sehr leicht irrational und geradezu lächerlich wirken kann. Wir können einen nach unserer Auffassung überholten Ehrbegriff nicht verstehen.

Und was nie offen gelegt werden konnte: Was für ein Verhältnis hatte Sadije zu Zeqir, der nur zehn Jahre jünger war als sie? Sie selbst war damals noch keine vierzig Jahre alt. Wieso sagte sie aus, unmittelbar vor der Erschiessung habe Zeqir versucht, sie zu vergewaltigen? Wenn es so war, wäre das eine Erklärung dafür, dass sie wenige Minuten später gleich das ganze Magazin auf ihn leer schoss. Und dass sie das tat, obwohl sie nach eigenen Angaben wusste, dass Ardita zu jener Zeit in den Händen und der Gewalt von Zeqirs Familie in Mollopolc war. Würde das erklären, warum die Eltern Ajazi bei ihrem ersten Kontakt nach der Erschiessung nicht über Ardita gesprochen haben? Es wäre dann gar nicht mehr um Ardita gegangen, sondern um Sadije selbst und die Ehre der Familie Ajazi. Sadijes Handeln wäre so betrachtet ein wilder Ausbruch von Rachegelüsten gewesen und zur besinnungslosen Raserei einer verzweifelten Frau verkommen. Es war in jenen Augenblicken wohl so, als zöge der Geist der toten Ehrenmörder und Rächer die auf dem asphaltierten Trottoir in Basel stehende Frau zur heimatlichen, blutgetränkten Erde zurück, die sie vor kaum einem Jahrzehnt durch Emigration in die Schweiz verlassen hatte. Als wäre die Kultur ihres Heimatlandes Kosovo wie jede Kultur in letzter Konsequenz eine unbarmherzige Herrschaft der Toten und – immer wieder auch – des Todes. Als bliebe der Grund ihres Tuns mit dem Grund und Boden ihrer verlassenen Heimat untrennbar verbunden. Denn die Schweiz ist ein mehrfach umgepflügtes und wurzellos gemachtes Land. Aber Befreiung brachte es für Sadije nicht.

Ihr Vorwurf, Zeqir habe damals in der Wohnung versucht, sie zu vergewaltigen, legt Zeugnis davon ab, dass die beiden durch eine explosive, auch sexuell wirkende Gewalt miteinander in Beziehung standen. Diese aus vielen Quellen und Gründen genährte Energie hat Zeqir in den Tod und Arditas Mutter «in das Blut geführt».

Das gilt selbst dann, wenn wir mit dem Urteil des Gerichts davon ausgehen, dass Sadijes Vorwurf falsch und von ihr zu Unrecht erhoben worden ist. Der Kern ihres Vergewaltigungsvorwurfs, der von ihr vor Gericht zu ihrer Rechtfertigung herangezogen worden ist, gehört gewiss zu ihrer Verteidigungsstrategie. War er doch geeignet, das Motiv des Mordes zur Rettung von Sadijes Familienehre zu kaschieren. Andererseits erscheint ihre Tat nach ihrer eigenen Darstellung als egozentrischer Racheakt. Daneben lässt er erkennen, dass in ihrem Verhalten möglicherweise auch Gefühle der Eifersucht auf ihre eigene Tochter mit im Spiel gewesen sein könnten.

Ich bin noch immer unfähig, das wahre Motiv von Sadijes Tötung zu erkennen oder auch nur zu entscheiden, welcher ihrer Beweggründe der stärkere, der vorherrschende hätte sein können. Ich wende mich wieder dem Urteil, seinem «Umkreisen des Kerns der Kriminalgeschichte» zu. Es geht um die Schlussszene der Erschiessung auf der Strasse. Es ist möglich, dass dieser «Kern» des Geschehens eine Information enthält über die Art des Gewächses, das diesen Kern hervorgebracht hat. Vielleicht auch über das tödliche Gift, das sich um diesen Kern herum angesammelt hat.

Das Urteil hält tadelnd fest, dass die Widersprüche um das «Kerngeschehen rund um das Fahrzeug des Opfers» grösser sind als in den Randbereichen. Wie eigenartig das Gericht sich ausdrückt, ohne zu erklären, wieso das Geschehen das Auto umrundet haben sollte! Es scheint mir fast, das richterliche Denken ist es, welches die Szene umkreist und auf mögliche juristische Schlüsse abtastet. Es ist offenbar auch für den Richter nicht leicht, die Wahrnehmung vom Wahrgenommenen, das Subjekt vom Objekt zu trennen. Vielleicht hat der Wortsinn, der im Begriff «Subjekt» steckt, doch Recht und ist das «Subjekt» dem Objekt unterworfen, also lateinisch subjectus, und nicht umgekehrt. So wie ja auch das Subjekt des Strafprozesses, die Angeklagte und am Ende Verurteilte, dem Recht und seinen Regeln unterworfen ist. Sie, Sadije, die Täterin, ist die Unterworfene. Indem sie Zeqir niederstreckte, hat er sich über sie endgültig erhoben. Sie bleibt im Bannkreis des Toten gefangen.

Das Urteil hält wörtlich fest: «Sadije erschoss Zeqir auf offener Strasse vor seiner Wohnung, als er in seinem Auto wegfahren wollte. Er sass im Auto, und sie schoss aus einer Distanz von 20 cm das Patronenlager und das ganze Magazin leer. Sieben Einzelschüsse hat sie auf ihn abgegeben, wovon ihn sechs in Kopf und Oberkörper trafen. Gemäss dem Gutachten des Instituts für Rechtsmedizin erlitt Zeqir Ferizaj insgesamt sechs Ein- und Durchschussverletzungen auf der linken Seite des Kopfes sowie im Bereich des Schlüsselbeines links. Der Tod ist auf innere Verblutung und Herzbeuteltamponade nach mehrfachem Brustkorbdurchschuss mit Verletzung der Körperhauptschlagader zurückzuführen.»

Das tödliche Geschehen auf der Strasse wurde von zwei Zeuginnen beobachtet. Die eine, eine Nachbarin, hängte auf ihrem Balkon ihre Wäsche auf, als sie die erregte Stimme der Frau auf der Strasse vor ihrem Haus hörte. Die andere war eine Automobilistin, die in der Jägerstrasse einen Parkplatz suchte und bemerkte, dass der Fahrer im parkierten grauen Honda – das war Zeqir – die Absicht hatte, wegzufahren.

Auf Grund der Aussagen dieser Zeuginnen ist vom folgenden Ablauf der Geschehnisse in den letzten Augenblicken vor der Schussabgabe auszugehen: Zeqir setzte sich in sein Auto, das er auf der gegenüberliegenden Strassenseite parkiert hatte, liess den Motor an, legte den Rückwärtsgang ein und setzte den Blinker, während Sadije auf dem Trottoir neben seinem Auto mit offener Fahrertüre stand und mit ihm ein Wortgefecht führte. Die Tatzeugen hörten, wie die Stimme der Frau schliesslich höher wurde, und sahen, wie sie gleichzeitig ihren Unterarm anhob, bevor kurz nacheinander die sieben Schüsse fielen. Die Frau im Auto wollte der Täterin nacheilen, verlor sie jedoch bereits aus den Augen, als sie ihr Auto verlassen hatte.

Weniger als drei Minuten später waren die Polizei und kaum zwei Minuten darauf die Ambulanz am Tatort. Mehrere Passanten hatten sie alarmiert. Die Polizei löste sofort eine Schwerpunktaktion mit starkem Einsatz der Kräfte aus. Das Kriminalkommissariat nahm seine Ermittlungen auf. Die «Basler Zeitung» liess am folgenden Tag auf Seite 30 eine kleine Notiz unter dem Titel «Mann im Auto erschossen» zusammen mit einer Foto des «Tatortes Jägerstrasse» erscheinen. Der Text enthielt den Hinweis, dass über Hintergründe und Täterschaft noch nichts bekannt sei.

Am 20. April konnte die Zeitung bereits melden, dass das Tötungsdelikt aufgeklärt sei. Eine 39-jährige Kosovo-Albanerin habe gestanden, den Mann in seinem Fahrzeug nach einem Streit erschossen zu haben. Die Täterin sei die Mutter einer 17-jährigen Tochter, welche die Freundin des späteren Opfers gewesen sei. Die Beziehung zwischen den beiden sei von der Familie der jungen Frau in keiner Weise toleriert worden. Die Täterin habe gestanden, zur Wohnung des Lebenspartners ihrer Tochter gegangen zu sein, wo es zu einem Streit gekommen sei. Als der Mann seine Wohnung habe verlassen wollen, sei ihm die Frau auf die Strasse gefolgt. Dort sei es zu einer weiteren Auseinandersetzung gekommen, in deren Verlauf die Frau den Mann mit mehreren Schüssen tödlich verletzt habe. Die Täterin sei inzwischen dem Haftrichter zugeführt worden.

Über das unmittelbare Tatgeschehen gab Sadije den Strafbehörden im Verlaufe der Untersuchung und des Prozesses insgesamt vier Varianten zu Protokoll. In ihrer ersten Einvernahme am Tattag sagte sie gegenüber dem Kommissär aus, Zeqir habe in der Wohnung am Ende ihrer Auseinandersetzung ihrem Vorschlag, die Probleme um Ardita mit seiner Schwester Mirlinda in deren Wohnung zu besprechen, zugestimmt und sie hätten zusammen zu ihr fahren wollen. Indessen sei sie von ihm schikaniert worden; er habe sie – ihr vorangehend – am Verlassen des Liftes hindern wollen und habe kurz danach auch die Haustüre vor ihrer Nase zugedrückt. Er habe sie nicht in seinem Auto mitfahren lassen wollen und ihr stattdessen offeriert, ihr ein Taxi zu zahlen. Sie sei ihm bis zu seinem Auto gefolgt, dort sei sie von ihm «mit der Autotüre geschubst und mit den Füssen in den Rücken getreten» worden, als sie sich bereits von ihm abgewendet hatte und weggehen wollte. Das Protokoll spricht an einer Stelle sogar «von einem Tritt mit beiden Füssen», einem Akt, den das Gericht im Urteil nicht ohne höhnischen Unterton als «beinahe akrobatisch» und unglaubwürdig zurückweist.

Die Richter lassen ausser Acht, dass es sich bei der beanstandeten Formulierung ihrer Worte um eine ungeschickte Ausdrucksweise der Sadije oder um eine saloppe Übersetzung oder gar um eine nachlässig verkürzte Redaktion des Protokolls handeln könnte. Möglicherweise war es also eine der immer wieder auftretenden Schwierigkeiten, einander vor Gericht genau zu verstehen. Die Richter übersehen, dass etwas früher im Protokoll vermerkt ist, Zeqir habe ihr «einen Fusstritt» oder – wieder an anderer Stelle – «Fusstritte in den Rücken» versetzt. Diese Variationen in der Ausdrucksweise könnten darauf verweisen, dass «die Angeklagte» Schwierigkeiten hatte, sich an den ganz genauen Ablauf der Ereignisse zu erinnern. Auch das ist nichts Aussergewöhnliches. Das Urteil wimmelt zudem von sprachlich unbeholfenen Redewendungen, die wahrscheinlich auf Sadijes begrenztes Vermögen, sich auszudrücken, zurückgehen. So hält das Urteil zum Beispiel fest: Alsdann habe sich Zeqir ins Auto gesetzt und «eine Bewegung nach hinten gemacht» und zu ihr gesagt: «Warte nur, ich gebe dir, was du willst, ich werde dich und deine Tochter und deine ganze Familie erschiessen.» Da habe sie ihre Waffe aus der Handtasche genommen und sofort auf ihn geschossen. Sie habe befürchtet, Zeqir wolle nach seiner Waffe greifen.

Die angebliche Bewegung nach hinten blieb in ihrer Bedeutung für das Tatgeschehen ungeklärt. Bei Zeqir wurde später keine Waffe gefunden.

In der nächsten Einvernahme – einige Tage später – gab sie zu Protokoll, sie habe ihre Waffe auf dem Trottoir neben Zeqirs Auto stehend gezückt, als sie gesehen hatte, dass Zeqir seinerseits zur Waffe greifen wollte. Das Urteil erwähnt lediglich – wiederum sprachlich verunglückt – «eine Bewegung des Opfers neben den Sitz». Zeqir habe versucht, mit seiner linken Hand ihr Handgelenk zu ergreifen, um ihre Waffe abzuwehren. Dabei habe sich ein Schuss gelöst.

Das Gericht hat es unterlassen zu erwägen, ob diese Darstellung nicht erklären könnte, wieso einer der sieben aus nächster Nähe abgegebenen Schüsse sein Ziel verfehlte.

Noch später hat sie ausgesagt, dass Zeqir versucht habe, Zeit zu gewinnen, nachdem sie die Pistole auf ihn gerichtet hatte. Er habe gesagt, sie solle die Pistole wegstecken, sie wollten doch lieber zu seiner Schwester Mirlinda fahren. Er habe sie dabei an beiden Handgelenken gepackt.

An der Hauptverhandlung sagte sie schliesslich, Zeqir habe sie an einem Handgelenk gepackt, «während seine andere Hand unter dem Sitz gewesen sei».

Wenn Sadije in all ihren verschiedenen Aussagen immer wieder von Zeqirs Griff nach seiner Waffe spricht, will sie damit wohl klarlegen, dass sie aus der konkreten Befürchtung heraus gehandelt hat, von Zeqir erschossen zu werden. Nach all ihren verschiedenen Redewendungen – die unter sich so verschieden nicht sind – hätte sie in Notwehr gehandelt. Notwehr ist straffrei.

Als Sadije in der Hauptverhandlung auf den Grund ihrer widersprüchlichen Ausdrucksweise angesprochen wurde, machte sie geltend, der Kommissar hätte sie bei der Einvernahme immer wieder angeschrien und sie dadurch durcheinander gebracht.

Weil die Aussagen von Sadije widersprüchlich waren, wurden sie im Urteil als «Schutzbehauptungen» der Angeklagten abgetan, was heisst, das Gericht glaubte ihr nicht, dass sie in Notwehr gehandelt hatte. Es glaubte ihr nicht einmal, dass sie wirklich davon ausgegangen war, Zeqir könnte im Auto eben wieder jene Waffe ergreifen, mit der er sie bereits zweimal kurz zuvor – das letzte Mal am Vorabend – bedroht hatte. Auf diese Weise vermied es das Gericht, den Grundsatz «Im Zweifel für den Angeklagten» in diesem Straffall zu ihren Gunsten anzuwenden. Die Richter liessen zudem moderne Forschungsresultate unbeachtet, die zeigen, dass Täter, die im Affekt handeln, den äusseren Tatablauf meistens nur schemen- und bruchstückhaft wahrnehmen und daher grosse Lücken in der Erinnerung haben.

Das limbische System mit dem Mandelkern, das die Gefühle im Gehirn verarbeitet, übernimmt bei Affektausbrüchen kurz die Führung des Menschen. Ganze Regionen im Grosshirn, die für die Sprache unentbehrlich sind, werden lahm gelegt. Der Verstand setzt aus.[20]

Die Richter hatten zudem erfahren, dass am Nachmittag des Tattages – noch bevor Sadije verhaftet werden konnte – eine Art «Familienrat» in Sadijes Wohnung abgehalten worden war, an dem «diverse Familienmitglieder» anwesend waren. Dieser Familienrat hätte wohl Spuren in ihrem späteren Aussageverhalten hinterlassen, folgerte das Strafgericht. Die Richter gingen in ihrem Urteil davon aus, dass Sadije Zeqir erschoss, weil dieser gegen sie tätlich geworden war und sich geweigert hatte, sie zu seiner Schwester Mirlinda zu begleiten, um dort die Probleme zu besprechen. Sadije habe – wie sie sich selbst ausdrückte – «einfach genug gehabt, und es sei dann eben passiert». Damit war das Gericht schliesslich bei dem angeblich nichtigen Grund angelangt, aus dem Sadije Zeqir erschossen hatte.

Aber was besagen schon die unbeholfenen Worte einer Frau, deren Muttersprache in der Schweiz kaum jemand versteht, ins Deutsche übersetzte Worte? Sie konnten den Richterinnen und Richtern die zwingende Kraft jener heftigen und widersprüchlichen inneren Impulse, denen Sadije vor der Tat plötzlich ausgesetzt worden war, nicht verständlich machen.

Der «nichtige Grund» hatte dem Gericht als Motiv für die Tötung genügt. Es hielt im schriftlich begründeten Urteil fest, die Mutter habe Zeqir aus «nichtigem Grund» getötet – ein verhängnisvolles Wort, wie sich erst später im weiteren Verlauf der Geschichte noch herausstellen sollte.[21]

Das Strafgericht fand, dass die Mutter nicht «skrupellos» oder «aus besonders verwerflichem Beweggrund» gehandelt hatte, was eine Verurteilung nach StGB Art.112 wegen Mordes mit einem Strafrahmen von mindestens zehn Jahren bis lebenslängliches Zuchthaus[22] zur Folge gehabt hätte.

Das Gericht billigte der Täterin aber auch nicht zu, sie habe in einer «entschuldbaren Gemütsbewegung oder unter grosser seelischer Belastung» gehandelt. Das wäre so genannter Totschlag im Sinne des Strafgesetzbuches Artikel 113 gewesen. Auf Totschlag steht eine Strafe zwischen einem und zehn Jahren.

Folgerichtig wurde die Mutter wegen vorsätzlicher Tötung gemäss Strafgesetzbuch Artikel 111 verurteilt. Die Strafe für diese Tat beträgt nach Gesetz mindestens fünf Jahre. Das Gericht hat die Tat von Sadije offensichtlich in der Nähe eines «privilegierten Totschlags» angesiedelt, als sie diese zu sechseinhalb Jahren Zuchthaus verurteilte.

Das Gericht anerkannte wörtlich, «dass Zeqir einiges zur Eskalation der sich gegen Schluss mehr und mehr zuspitzenden Situation beigetragen hat; angefangen bei den Lügen über seine persönlichen Verhältnisse gegenüber der Schwiegermutter, über die Misshandlung seiner erst 17-jährigen Freundin respektive deren Tochter Ardita, welche er zusehends von der Familie abschottete, Provokationen, Drohungen, die im erwähnten nächtlichen Besuch am Wohnort der Angeklagten mit der Todesdrohung gegenüber dem Ehemann kulminierten, bis hin zum tätlichen Angriff am Tattag».

Das Gericht billigte Sadije – wie bereits erwähnt – zu, dass sie sich in einer «nervlichen Belastungssituation befand, bei welcher das am Tattag Erlebte das Fass zum Überlaufen brachte». Trotzdem gestanden die Richter der Angeklagten weder eine Strafmilderung infolge «des Zorns oder grossen Schmerzes über eine ungerechte Reizung oder Kränkung» noch eine verminderte Zurechnungsfähigkeit zu. Die Gerichtschronistin der «Basler Zeitung» mit dem Kürzel cc, die über den Prozess und das Urteil zwei Berichte unter dem Titel «Schüsse einer Schwiegermutter» verfasst hatte, bezeichnete den Fall angesichts des «Täterprofils» als aussergewöhnlich. Weil die Täterin wie selbstverständlich die Insignien männlicher Macht und Rache trug, erschien sie vor Gericht als moderne, selbstsicher auftretende Frau.[23]

Das alles führte zum verblüffenden Ergebnis: Die Mutter hatte den Bräutigam ihrer Tochter getötet und wurde trotzdem nur für eine verhältnismässig kurze Zeit ins Gefängnis gesperrt.[24] Das bringt zum Ausdruck, dass die Richter der tragischen Situation der albanischen Mutter nicht ohne Einfühlungsvermögen gegenüberstanden, wenn es ihnen auch nicht gelungen war, das Motiv ihrer Tat zu ergründen und zu benennen.

Der Prozess wurde wie in Basel üblich in der zum Gerichtssaal umgebauten Turnhalle des ehemaligen Spalen-Schulhauses am Rand der Altstadt durchgeführt. Er dauerte nur drei Tage. Der vierte Tag war der Tag, an dem das Urteil bekannt gemacht wurde. In der mündlich und öffentlich abgegebenen Begründung ging die Gerichtsvorsitzende davon aus, Sadije habe eine «Familienangelegenheit geregelt» und stellvertretend für ihre Familie gehandelt. Dafür spräche nicht nur ihre unbewegte Haltung während des Prozesses und die Abwesenheit jeden Zeichens von Reue, sondern auch ihre Lüge, sie hätte die Tatwaffe am Claraplatz auf dem Schwarzmarkt selbst erworben, während es in Tat und Wahrheit die Waffe ihres Ehemannes war. Dieser war wegen illegalen Waffenbesitzes bereits vorbestraft.

Dass sie die Waffe besass und deren Herkunft verbergen wollte, war also in den Augen der Richterin die verräterische Spur, die zu Sadije, der Beauftragen und der überzeugten und daher reulosen Vollstreckerin führte. In der schriftlichen Urteilsbegründung war dieser Aspekt, eine vorsichtige Umschreibung von Ehrenmord und Blutrache, wegretuschiert. Die Richter hatten jedenfalls gemäss schriftlich abgegebenem Urteil, das bloss zwanzig Seiten umfasste, Mühe darzulegen, weshalb die Mutter Zeqir erschossen hatte.

Nicht nur verschwiegen sie die mündlich abgegebenen Erwägungen der Gerichtspräsidentin Chantal Hell, sie hatten wohl ihre Zweifel, dass Ardita tatsächlich von Zeqir schwer misshandelt worden war. Sadije bestätigte zwar vor Gericht, sie habe auf Arditas Gesicht die Spuren der Schläge von Zeqir gesehen, trotzdem sie mit Puder überdeckt waren. Ardita habe ihr gegenüber zugegeben, dass Zeqir sie geschlagen habe. Als jedoch Ardita unmittelbar nach ihrer Rückkehr aus dem Kosovo von der Staatanwaltschaft einvernommen wurde, stellte sie in Abrede, von Zeqir geschlagen worden zu sein. Ihre Beziehung zu Zeqir hat sie in ihrer ersten Einvernahme vielmehr «romantisch verklärt» wiedergegeben: «Wir hatten nie Streit miteinander. Jeder hätte das Leben für den anderen gegeben.» Die Strafrichter schenkten auch dieser Aussage keinen Glauben.

Zehn Tage später wurde sie als Auskunftsperson[25] unter Hinweis auf ihre Wahrheitspflicht erneut einvernommen und behauptete nun, von Zeqir häufig geschlagen worden zu sein. Dabei blieb sie auch, nachdem sie von der Untersuchungsbehörde – in Basel-Stadt ist das die Staatsanwaltschaft – formell als Zeugin[26] ein drittes Mal einvernommen worden war.

Das Strafgericht wertete ihr Aussageverhalten als schwankend und nicht über jeden Zweifel erhaben. Das Gericht konnte nicht nachvollziehen, dass Ardita aus Wut auf ihre Mutter zunächst nichts von den Schlägen erzählen wollte. Ist es so unverständlich, dass eine Tochter, deren Lebenspartner soeben von der eigenen Mutter erschossen worden ist, sich nicht über die Schläge, die er ihr versetzt hatte, beschweren möchte?

Dem Urteil ist zu entnehmen, dass Sadije weder in ihrem Heimatland noch in der Schweiz negativ aufgefallen war. Sie hat in Gjurishevc, wo sie geboren wurde, während acht Jahren die Grundschule besucht. Anschliessend zog ihre Familie in das Dorf Gjilan, 47 Kilometer südöstlich von Pristina, in der landwirtschaftlich ausgerichteten Region Gjilane. Dort besuchte Sadije vier Jahre lang die Mittelschule, konnte indessen die Schule nicht regulär abschliessen, weil sie ihre Mutter unterstützen musste, die zehnköpfige Familie durchzubringen. Sie half im Haushalt und arbeitete stundenweise in einer Bäckerei, ehe sie im Alter von sechzehn Jahren Jusuf kennen lernte, der sie zwei Jahre später heiratete.

Der Ehe entsprossen zunächst zwei Mädchen, Vaxhide und Ardita, und ein Junge, welcher jedoch fünf Monate nach der Geburt starb. Danach schenkte sie nochmals einem Knaben, Nazmi, und dem Mädchen Valentina das Leben.

Im Jahre 1991 zog Sadije mit ihren Kindern in die Schweiz nach Basel zu ihrem Ehemann Jusuf. Für ihre Kinder im Alter von vier bis zwölf Jahren war die Umsiedlung ein Schock, vor allem für die älteren. Ihr einziges persönliches Band waren ihre Cousinen, die Kinder des Onkels väterlicherseits, die praktisch gleichzeitig in die Gegend von Basel zogen. Der Vater war für die Kinder eine fremde Person. Ardita erinnert sich, dass er lange Haare trug, in einem Pub tätig war und dass sie ihn anfänglich ablehnte. Sadije betätigte sich neben dem Haushalt als Reinigungsfrau. Die Familie Ajazi war frei von Schulden und Vorstrafen bis zum Tag von Sadijes entsetzlicher Tat.

Das Strafurteil über Sadije hatte mich in meinem Forschen nach dem Tatmotiv nicht viel weiter gebracht. Noch immer konnte ich mich nicht entscheiden, in Sadije entweder die Affektmörderin zu sehen, die unmittelbar nach dem Vergewaltigungsversuch ihren persönlichen Rachedurst stillt, oder aber die rituelle Bluträcherin, die mit kalter Hand tötet, um pflichtgemäss die verlorene Ehre ihrer Tochter und Familie wiederherzustellen. Bei jedem Erklärungsversuch blieb ein Rest an Tatsachen übrig, welcher weder dem einen noch dem andern Tatmotiv zwanglos zugeordnet werden konnte. Verschiedene, ja widersprüchliche Beweggründe mussten in Sadijes Verzweiflung ineinander übergegangen und in ihrem Töten einen gemeinsamen Ausgang gefunden haben. Ich suchte nach weiteren Quellen der Information.

* * *

Von Stefan Suter, der Sadije vor dem Strafgericht in Basel in ihrem Prozess verteidigt hat, möchte ich erfahren, wie er persönlich Sadije vor Gericht erlebt hat. Er lehnt sich leicht zurück, und ein feines Lächeln umspielt seine Lippen. Er sieht es professionell, der Fall ist für ihn abgeschlossen. Seiner Gelassenheit, die er nachträglich ausstrahlt, ist das Engagement, das er in Zeiten der Strafuntersuchung und des Prozesses an den Tag legte, nicht mehr anzumerken. Seit 15 Jahren tritt er im Scheinwerferlicht der grössten Straffälle und der spektakulärsten Wirtschaftsstrafsachen der Schweiz in Erscheinung, um unversehens auch einmal einen «kleinen Fisch» zu retten oder einer hilflosen Mutter zu ihrem Recht zu verhelfen.

«Die Mutter – soweit ich sie noch in Erinnerung habe – ist eine starke Frau. Es stimmt schon, dass sie wenig Reue gezeigt hat, auch vor Gericht, wo es ihr ja nur genützt hätte. In dem Sinn ist sie sich selbst treu geblieben. Sie wollte gewiss ihre Tochter vor Zeqir schützen. Sie wusste, was ihr blüht, wenn sie dem Mann davonläuft.

Die Richter zeigten sich auf Grund der Ermittlungsakten, die alle verlesen wurden, zunächst davon überzeugt, dass Zeqir gegenüber Ardita brutal gewesen war. Sie hielten es nicht für nötig, sie vor den Schranken des Gerichts als Zeugin direkt anzuhören, obwohl ich das beantragt hatte. Wieso die Mutter auf Zeqir geschossen hat, weiss ich letztlich auch nicht schlüssig zu beantworten. Ich glaube schon, dass sie um die Mittagsstunde jenes verhängnisvollen Tages von Zeqir verletzt worden ist, wer weiss, vielleicht noch mehr in ihrem Ehrgefühl als körperlich. Sie hatte vor Zeqir zudem Angst, hatte er sie doch nachweislich mit dem Tode bedroht. Es müssen mehrere Faktoren zusammengespielt haben. Wer durchschaut schon die Seele einer besorgten Mutter? Sie hat in der Schweiz ihre vier Kinder durchgebracht und arbeitete nebenher als Putzfrau. Jusuf war mit der Führung seines Restaurants vollauf ausgelastet. Ich glaube, ihr hartes Leben zwischen Beruf und Familie in einem ihr doch recht fremden Umfeld und ihre Probleme um Ardita haben sie zerschlissen.»

Mehr will ihr Strafverteidiger nicht sagen. Er hatte sich gegen die polizeiliche Ausschaffung von Sadije bis vor Bundesgericht zur Wehr gesetzt. Vergeblich.

Ich möchte von Jusuf, Arditas Vater, wissen, wie er das Motiv seiner Frau einschätzt: Wieso hat sie Zeqir erschossen? Jusuf erzählt, dass Zeqir an jenem Tag seine Frau in dessen Wohnung brutal misshandelte und schwer demütigte. Den *Kanun*, der auch die Blutrache regelt, erwähnt Jusuf Ajazi mit keinem Wort.

Wie ich ihn darauf anspreche, bemerkt er nur, dass er nicht einmal wisse, ob seine Frau den *Kanun* kenne. Aber ein altes Brauchtum kann auch wirken, ohne dass es intellektuell verarbeitet wird. Vielleicht ist es ohne dieses Wissen sogar wirksamer, weil es dann rational weniger kontrolliert werden kann. Sadije hat seit ihrer Geburt während dreissig Jahren in dem Land gelebt, das bis in die jüngste Vergangenheit von der Blutrache erschüttert wird.[27]

Angenommen, Sadije ist, so wie ihr Mann es erzählt, in ihrer Ehre verletzt worden: Wieso hat Sadije ihn dann nicht noch im Kampf oder im unmittelbaren Anschluss daran, also noch in seiner Wohnung, erschossen? Wieso hat sie zugewartet? Wieso ist sie Zeqir auf die Strasse gefolgt, wo sie allen Blicken und Zufälligkeiten des öffentlichen Raums ausgesetzt war? Wieso ist sie ihm bis zu seinem Auto gefolgt, das auf der Strasse gegenüber seiner Wohnung parkiert war?

Vielleicht getraute sie sich nicht, Zeqir frontal gegenüberstehend ihre Waffe zu ergreifen und auf ihn zu zielen. Es könnte zu gefährlich für sie gewesen sein bei der geringen räumlichen Distanz, die sie im Zimmer voneinander trennte. Zeqir hätte sich blitzschnell auf sie stürzen können. Sie musste die Gelegenheit finden, ein oder zwei Schritte hinter ihm, hinter seinem Rücken zu sein. Das könnte in der Wohnung während des Sprechens und Streitens unmöglich gewesen sein. Der Grundriss einer Kleinwohnung in städtischen Mehrfamilienhäusern wie jener an der Jägerstrasse ist derart knapp bemessen, dass die Menschen infolge Möblierung selten mehr als zwei bis drei Schritte voneinander entfernt beieinander sind, wenn sie sich im selben Raum aufhalten.

Was hatte Zeqir vor, als er die Wohnung verliess? Was hat er ihr gesagt, dass er nun tun wollte? Wohin wollte er fahren? Jusuf geht davon aus, dass Zeqir Sadije an den Haaren in sein Auto hineinbugsiert hat und dass sie ihn nach einem Handgemenge im Wageninneren erschossen hat. Das steht im Widerspruch zu Zeugenaussagen, die sahen, wie die Frau vor dem Auto stehend den Mann, der im Auto sass, erschoss. Jusuf muss zugeben, dass seine Frau ihm wohl nicht alles gesagt hat, was zuletzt passiert ist. Auch für ihn bleibe ein Geheimnis um diese Tat herum bestehen, gestand er mir im Verlauf unseres Gesprächs.

Dieses Geheimnis verhüllt sowohl die genauen Umstände und Handlungsabläufe der letzten Stunde vor Zeqirs Tod als auch Sadijes Beweggründe.

Es ist Sadijes Schweigen, ihre Wortlosigkeit, die uns Neues lehren kann. Ihre geheimnisvolle Starre und Stille ist es, die unseren inneren Blick in ihren seelischen Abgrund führt. Ich habe versucht, mir von Sadije ein möglichst genaues, konkretes Bild zu machen, von ihrem Charakter, ihrer Herkunft und ihrer Lebenssituation. Es gilt dieses Bild in seiner unverwechselbaren Eigenart zu erkennen und es so lange und so genau zu betrachten, bis darin auch jene Züge des Schicksals erscheinen, das uns alle seit jeher geprägt und uns zu nahen Verwandten gemacht hat. Das ist der erste Schritt über die gerichtliche Wahrheit hinaus. Ich kann ihn nicht zurücklegen. Zu viel von Sadije bleibt im Halbdunkel meines Wissens aus zweiter Hand verborgen. Doch wer verfügte über all diese Informationen? Zeqirs Stimme wird nur für Sadije hörbar sein.

So kehre ich zur Wahrheit zurück, wie sie das Gericht uns vermittelt, immer bereit, den ersten Schritt darüber hinaus zu wagen, sobald ich den Anlass und den Mut dazu finde.

Sadije legte von Anfang an vor den Strafverfolgungsbehörden ein Geständnis ab. Sie zeigte laut Urteil keine Anzeichen von Reue. Der Psychiater stellte bei ihr die Tendenz fest, ihre Tat zu bagatellisieren.

In die gleiche Richtung schienen auch ihre Worte zu weisen: Ich hatte einfach genug, und da ist es eben passiert. Diese unübertreffliche Einfachheit und das scheinbar Fraglose an ihrer Aussage hat das Gericht geblendet. Eine Suche nach dem Motiv, das mehr ist als nur ein Anlass, warum etwas geschieht, schien überflüssig, vielleicht aussichtslos und ist unterblieben. Vor der scheinbaren Plattheit von Sadijes Ausdrucksweise hat der richterliche Scharfsinn kapituliert.

Den Gerichtsakten ist zu entnehmen, was Sadije unmittelbar nach der Tötung unternommen hat: Sie schloss die noch offen stehende Türe von Zeqirs Auto, dessen Motor noch immer lief und dessen Blinker unaufhörlich aufleuchtete, und entfernte sich ohne jede Hast Richtung Schönaustrasse, die etwa 15 Schritte entfernt die Jägerstrasse kreuzt. Dort betrat sie das Treppenhaus der Liegenschaft Nr. 49 und versteckte die Pistole auf dem Fenstersims hinter einer der dort aufgestellten Pflanzenkisten, benachrichtigte über ihr Handy Jusuf über das Vorgefallene und machte unterwegs noch Einkäufe. Dieses Verhalten wurde ihr vom Strafgericht als besonders «kaltblütig» angelastet. Das Urteil hält fest, sie hätte «den Sterbenden gnadenlos seinem Schicksal überlassen, sich der Tatwaffe entledigt und Einkäufe getätigt, wie wenn nichts geschehen wäre».

Wir können es niemandem, der etwas Schreckliches getan hat, verzeihen, dass er wieder versucht, in den Kreis all der anderen zurückzukehren, die scheinbar ruhig in den ihnen zugedachten Bahnen verkehren.

Sadijes wenige Worte vor Gericht legen Zeugnis davon ab, dass sie nicht mehr daran glaubte, von ihrer Umgebung verstanden und ernst genommen zu werden. Die Frau war Zeit ihres Lebens für die Anliegen ihres Herzens und ihrer Familie sprachlos. Jusuf und ihre Kinder wissen wenig über ihre Mutter zu erzählen. Es ist, als gäbe es da nichts zu sagen. Als sei nichts Gemeinsames, jedenfalls kein Erlebnis vorhanden, über das sich berichten liesse. Es gibt nichts zu sagen ausser dem Alltäglichen und Selbstverständlichen. Dass die Mutter immer da war für die Familie. Sie kannte offenbar nur ihre tägliche Arbeit und das existenzielle Drängen, Tag für Tag die Not von morgens früh bis abends spät zu funktionieren und für ihre Familie und ihre Arbeit da zu sein. Diese banalen Worte der Sadije sind nicht etwa ein Ausdruck für die «Banalität des Bösen». Mit diesem Gestammel wird die Stimme einer Frau vernehmbar, die das Sprechen verlernt hat, die von der unheilbaren Krankheit befallen ist, an der staatlich verordneten Gerechtigkeit zu zweifeln.

Diese Frau hat sich und ihre Familie auf eine schreckliche, unsinnige Weise geschützt. Nachdem all die anderen Wege, die vor allem Jusuf gegangen war, als Irrwege nur ins Labyrinth staatlich gehüteter Machtansprüche geführt hatten, war Sadije am Ende ihres Alltags. Um die Mittagsstunde des 18. April 2000 sah sie einzig die Notwendigkeit, Zeqir zu töten.

Es war ein kalter Tag eines insgesamt warmen Frühlings. Nach den Aufzeichnungen der MeteoSchweiz lagen die Tagestemperaturen in Basel zwischen 6° und 12° Celsius. Eine Störung über den Alpen zog langsam gegen Osten ab. Der Himmel war bedeckt, die Luft klar und die horizontale Sichtweite lag zwischen 30 und 50 Kilometern. Die Sonne zeigte sich in Basel erst gegen Abend für knapp eine halbe Stunde.

Sadije hat mir gegenüber als Motiv der Tat nicht ihre Tochter erwähnt. Sie sagte, Zeqir sei der Grund gewesen. Jetzt könne sie «die Sache nicht mehr zurückmachen». Über Äusserungen dieser Art ist Sadije dem Gericht und auch mir gegenüber nie hinausgelangt. In der primitiven Redeweise, «Zeqir sei der Grund gewesen», kommt zum Ausdruck, dass dieser Mann ihr übergross erschienen sein musste, dass sein Wesen ihr ganzes Denken und Fühlen ausfüllte. Er muss ihr gegenüber wie eine unüberwindliche Mauer gewirkt haben. Sie konnte nur sagen, Zeqir war der Grund ihrer Tat. Sie konnte kein konkretes Verhalten, das sie verletzt haben könnte, nennen.

Was sie dem Gericht nicht gesagt hat, hat sie drei Jahre später mir, der ich kein Recht hatte, sie irgendetwas zu fragen, auch nicht mitgeteilt – ebenso wenig wie ihrem Ehemann, mit dem sie vielleicht nicht im besten Einvernehmen gelebt hat. Aber was besagt das schon? Weit über ein Jahrzehnt hatten die Ajazis das triste Los der unzähligen durch das schweizerische Saisonnier-Statut zerrissenen Familien geteilt: die Frau und die Kinder im Kosovo zurückgelassen und der Mann während der Neun-Monate-Arbeitssaison auf der Baustelle in der Schweiz tätig. Während der Arbeitspausen im Winter konnte er seine Familie jeweils nur kurz für einige Tage oder eine Woche treffen.

Aus Angst, von den Häschern des Systems Milosevic als Flüchtling aufgespürt zu werden, besorgte er sich ein Visum für die Türkei und traf seine Familie auf Zypern, oder sie verbrachten zusammen einige Tage im angrenzenden Albanien oder in Griechenland. 1991 zog Sadije mit ihren Kindern in das Gastland des Vaters, in die Schweiz. Für sie war es der Auszug in die Fremde. Was hat eine solche Mutter ausser ihren Kindern? Was ist sie mehr als Mutter? Und was könnte ihr brennenderen Schmerz zufügen als ihr Wissen, dass Ardita, ihre geliebte Tochter, unter Zeqir leidet?

Auch als ihre Tochter Ardita sie fragte, wieso sie Zeqir getötet habe, wehrte Sadije die Frage unwillig ab: «Ich will nicht darüber sprechen. Ich kann es nicht. Lass mich in Ruhe, Kind.»

Die starre Ordnung der Familie, wie sie Sadije im Kosovo bis zu ihrem dreissigsten Lebensjahr tagtäglich erlebt hatte, hätte einen solchen «Ehebetrug», wie Zeqir ihn aus ihrer Sicht begangen hatte, schrecklich gerächt, nein, er wäre wahrscheinlich vereitelt, jedenfalls im Keim erstickt worden. Die patriarchalische Ordnung im ländlichen Kosovo bedeutete für sie auch Schutz. Niemals hätte Zeqir im Kosovo sein wahres Alter und seine Ehe verheimlichen und ihre Tochter täuschen können. Das moderne Recht der Schweiz blieb zynisch kalt und stumm auf ihre Verletzung. Sadije blieb äusserlich und juristisch ungeschützt, einzig ihren starken inneren Energien, Impulsen und Gefühlen, die in ihr wüteten, ausgeliefert. Zudem war sie in der Schweiz ohne Freunde und Vertraute, denen sie ihr unlösbar erscheinendes Familienproblem hätte anvertrauen können. Sie besprach sich über Arif mit Ardita und Vaxhide. Aber auch das führte nicht weiter. Am Ende stand sie allein.

Wenn wir mit den Strafrichtern davon ausgehen, dass die Mutter nicht in Notwehr gehandelt hat, so hat sie doch aus gröblich missachtetem, fraulichem Scham- und Ehrgefühl gehandelt und Zeqir erschossen, sobald er wehrlos hinter dem Steuerrad seines Autos sass. Zeqir hatte Gewalt und List angewendet, um Ardita ihren Eltern zu entziehen, und war zuletzt auch gegenüber Sadije gewalttätig. Er erniedrigte die Tochter und anschliessend die Mutter. Damit verletzte er die Ehre der Familie Ajazi schwer. Der Teufelskreis Ehrverletzung, Rache und Tötung war in Bewegung geraten.

Durch Sadijes Waffenbesitz ist erwiesen, dass jedenfalls sie zum Töten bereit war. Wenn sie am Tattag, auf dem Trottoir vor Zeqirs Auto stehend, in ihrer verzweifelten Angst annahm, dem Zeqir im Töten nur um Sekundenbruchteile voraus zu sein, so stand sie ihm kaum in Notwehr gegenüber. Sie trat ihm entgegen, ähnlich wie im historischen Pistolenduell der Herausforderer sich dem Beleidiger entgegenstellte, schussbereit.

So erscheint Sadije als Rächerin mit rascher Hand, kaum gezügelt und schlecht gebändigt in einer Umgebung, die ihr fremd geblieben ist. Was bedeutet ihr die Schweiz, was hat das Land ihr zu bieten ausser den Büros, die sie abends putzt, und den Einkaufszentren, in denen sie einkauft, und ihrer Wohnung, in der sie für ihre Familie den Haushalt besorgte? Welches gute oder heitere Bild, welche innere Bindung an irgendeinen Menschen, welches tröstende Gefühl hätte sich dem Ansturm des zerstörerischen Zornes und Hasses entgegenstellen können, dem Sadije in jenen entscheidenden Momenten vor ihrem Töten ausgesetzt war?

Anlass ihrer Verzweiflung war nicht Ardita, es war Sadijes Begegnung und Konfrontation mit Zeqir. Die sie letztlich beherrschenden Gefühle müssen Angst und – aus ihr hervorquellend – Aggression, Zorn und – wer weiss – unterdrückte und in tödlichen Hass verwandelte Liebe gewesen sein.

Ihre Familie hat Sadije in ihrem verzweifelten Kampf mit Zeqir, der sie in ihrem Kern und ihrem letzten Stolz erschüttert haben musste, nicht unterstützen können. Niemand war fähig, in jener schweren Zeit mit ihr zu sein. Sie blieb in der Zeit grösster innerer Bedrängnis allein, ohne Ausblick und – das mag schwerwiegender sein – ohne Sprache. Dadurch sind dieser Frau auch die Waffen der Schwachen, List und die Verstellung, unzugänglich. Die Wege, Auswege und Erfolg versprechenden Umwege mit ihren Winkelzügen und Intrigen, die andere Menschen oft schnell und scheinbar gefahrlos ans Ziel führen, sind ihr unverständlich, fremder als der *Kanun* des Lek Dukagjini ihres Heimatlandes Kosovo.

Rund um sie herum erhob sich die hohe Mauer von Zeqirs Macht über Ardita. Von ihr fühlte sie sich eingekreist und umstellt. Nirgends eine Öffnung oder ein Durchschlupf. Ungeduldig und nervös wie ein im Käfig eingeschlossenes Tier, zuletzt wie ein in der Falle sitzendes Wild musste sie gegen das Hindernis Zeqir angekämpft haben. Sie war schwach, machtlos, konnte weder das eigene Schicksal noch jenes ihrer Tochter in den Griff bekommen – oder doch? – Sie ist stark, insoweit sie verzweifelt ist.

Der Zustand ihrer Verzweiflung konnte nicht lange gedauert haben, wahrscheinlich nur einige Stunden. Sie blieb auch während der Zeit ihrer Krise in jeder einzelnen Sekunde ihrem Schicksal ausgeliefert.

Ich stelle mir vor, dass sie sich überhaupt nicht frei fühlte, weil sie nicht wusste, was es heisst, frei wählen zu können zwischen Weg und Ziel, zwischen verschiedenen Wegen zu einem bestimmten Ziel. Im Schatten von Zeqirs Gewalt weiter zu leben war für sie in den letzten Tagen, bevor die Schüsse fielen, immer unerträglicher geworden.

Ihr Mitleid mit ihrer Tochter war für sie wahrscheinlich unerträglicher als die Schmerzen, die Ardita unter Zeqir in jener Zeit gelitten hat. – Die Möglichkeit! Sie sah plötzlich eine Öffnung in der Mauer ihrer Verzweiflung. Sadije holte tief Luft. – Die letzte, einzige, die allerletzte Möglichkeit! Sich und Ardita von ihm befreien. Sie kann ihn ein für alle Mal, endgültig loswerden. Ihre Schwäche wandelt sich in Brutalität. Ihre Kraft liegt darin, dass sie verzweifelt und dass sie bewaffnet ist, bewaffnet mit der Waffe, die ihrem Mann gehört, bewaffnet mit der vergessenen Waffe ihres Mannes. Nur darin liegt ihre ganze, ungeahnt aufblitzende Macht.

Die Waffe ist das einzige Hilfsmittel, das sie von ihrem Mann stumm und eigenmächtig an sich nimmt. Wann ist das geschehen? Nachdem Zeqir sie in ihrer eigenen Wohnung mit seiner Waffe bedroht hatte? Hatte seine Waffe ihr die Vorstellung von Jusufs Waffe in ihrer eigenen Hand wachgerufen? Niemand weiss das ganz genau. Wahrscheinlich ist selbst Sadijes Erinnerung an diese schrecklichen Augenblicke von ihr verdrängt und ausgelöscht worden.

Die Vorstellung, diesen Mann zu bezwingen, könnte in ihr wohl schaurig-schöne Momente des Triumphes ausgelöst haben, welche die Finsternis ihrer verzweifelten Angst erleuchteten. Sie konnte sich für einige Zeit, deren Dauer niemand gemessen hat, seelisch erholen, war nicht mehr gedemütigt, geängstigt und niedergedrückt. Sie wird sich über ihr plötzliches, ihr bisher unbekanntes Wohl- und Hochgefühl selbst gewundert haben. Ob sie über diese Augenblicke des Triumphes, des Genusses der unmittelbar bevorstehenden Rache hinausschauen, hinausdenken konnte? Konnte sie über den Grund ihres Tuns, diesen Abgrund ihrer Seele hinausschauen? Wahrscheinlich war sie wie berauscht und blind für das, was später kommen sollte, als sie sich vorstellte, sie könnte Zeqir endgültig besiegen.

Töten ist herrschen. Dieses euphorische Gefühl könnte ihre Entschlusskraft, sich gegen Zeqir zu erheben, beflügelt haben. An dieser Stelle schlugen ihr Leiden und ihre Angst in Rache um. Etwas anderes, als ihn zu vernichten, konnte sie sich von nun an in Hinsicht auf Zeqir nicht mehr vorstellen. Zeqir war ihr in allen andern Situation überlegen, erschien ihr unerträglich kraftvoll und gefährlich. Sie sah, wie sie, ihr Leben und das Leben ihrer Tochter ihm schutzlos ausgeliefert waren.

Sadije musste schliesslich wie besessen gewesen sein von der Fantasie und Vorstellung, Jusufs im Schrank liegende Waffe an sich zu nehmen, sie mit sich zu führen als Schutz wie andere ein Maskottchen mit sich führen. Sie konnte die Waffe leicht in ihrer schwarzen Handtasche versorgen, die sie immer bei sich trug, wenn sie das Haus verliess, fortan geschützt wie von einem unsichtbaren und machtvollen Schutzengel. Die Möglichkeit abzudrücken, nur schon die reine Möglichkeit, musste stark auf sie eingewirkt haben. Ihre Fantasien, die Waffe, die sie immer bei sich trug, zu verwenden, sie gegen Zeqir zu richten, sie gegen ihn mit tödlicher Sicherheit einzusetzen, mussten in ihr als Gegengift zu ihrer Angst und Machtlosigkeit gewirkt haben. Sie führte die Pistole mit sich, so wie ein Asthmatiker seine Medizinpumpe still und heimlich mit sich führt, damit er sich im Moment des Anfalls Luft verschaffen kann zum Atmen! Sie tat es, als nähme sie ein dem Menschen unveräusserliches Grundrecht wahr. Sonst – und ausserhalb dieses letzten Schrittes – waren alle gegenüber Zeqir macht- und hilflos. Denn – das hatte sie selbst erlebt – auch die Basler Behörden waren es.

Das Jugendamt konnte nicht helfen, ebenso wenig wie die Polizei oder Jusuf. Noch weniger konnte es Zeqirs Bruder Latif, und leider konnte es auch dessen Schwester Mirlinda nicht. Diese schien der gute Geist ihres Bruder und die gute Seele für dessen Frauen Violetta und später Ardita gewesen zu sein, und trotzdem blieb ihr Einfluss am Ende wirkungslos.

Ohnmächtig blieb Sadije Zeqir und ihrer Angst vor ihm und zuletzt – nach den Todesdrohungen – ihrer Verzweiflung ausgeliefert. Ihr Waffenbesitz als Gegenmittel gegen ihre Angst musste bald einmal versagt haben. Es drängte sie immer mehr zur Tat. Aus Jusufs Erzählung weiss ich, dass Zeqir in den letzten Tagen vor ihrer Tat Sadije zweimal mit der Pistole auf den Tod bedroht hatte. Ihre todessüchtigen Gefühle mussten sich unmittelbar daran zum Sturm in ihrem Herzen aufgeschaukelt haben. Angst und Verzweiflung mussten sie zum Töten getrieben haben.

Ich kann mir nur schwer vorstellen, dass Sadije sich bewusst zur rächenden, todbringenden Mutter aufgeschwungen haben könnte. Dafür fehlt mir der konkrete Anlass, der ihre Rachegefühle unkontrolliert anschwellen lässt. Gewiss blieb sie während Monaten von ihrer Tochter getrennt und ausgeschlossen. Aber weder in den Akten des Gerichts noch in den Erzählungen ihrer Familienmitglieder tauchten in den allerletzten Tagen vor der Tat Vorfälle auf, die Sadijes Rachedurst hätten steigern können. Ihr Kontakt zu Ardita war seit Monaten unterbrochen. Nie war sie mit Schreckensnachrichten über Misshandlungen ihrer Tochter konfrontiert. Einzig Jusuf hatte ihr kurz vor Weihnachten von seiner Begegnung mit Ardita berichtet, als er diese auf der Strasse kaum wiedererkannt hatte. Das lag ein Vierteljahr zurück.

Und dennoch sprechen einige Umstände und Verhaltensweisen von Sadije dafür, dass sie sich unbewusst dem Gesetz der Blutrache ihrer Heimat unterworfen hatte und zur Vollstreckerin der verletzten Familienehre geworden war und deswegen «im Blut» mit Zeqirs Familie stand. Dieses Bild kann in unserem Innern entstehen, wenn wir in ihr die Mutter sehen, wie sie entschlossen die Angelegenheit ihres Kindes Ardita in ihre Hand nimmt, wie sie die offene Rechnung mit Zeqir begleicht, wie sie ihn bewaffnet mit der Waffe ihres Mannes in seiner Wohnung aufsucht und «Blut nimmt» als Ausgleich der Schuld, die Zeqir sich aufgeladen hatte, indem er ihre Tochter täuschte, entführte, schlug und demütigte.

Alles geschähe im Sinn uralten Brauchtums. Ihr Sehen, ihr ungezügeltes Begehren, ihre rasche, todbringende Hand erwecken den Eindruck, dass ihr Herz dem überkommenen Rhythmus der vorstaatlichen Sitte folgte. Der *Kanun* scheint auch Sadije ergriffen zu haben. Sadije handelte, tötete und rächte sich wie die antike Medea vom Schwarzen Meer, die in ihrer Liebe verletzte Barbarin, in einer Umwelt und Kultur, die ihr fremd ist und sie schutzlos lässt. Ihr angestammtes patriarchalisches Familienrecht beschränkt und schützt sie nicht mehr, das moderne der Schweiz kennt sie nicht einmal.

Wir können Sadije als Protagonistin einer archaischen Tragödie erkennen, die sich unter der Regie des todessüchtigen *Kanun* vollzieht. Sadije handelte dann kaum als bewusste, sich frei entscheidende Person. Vielmehr würde sich durch sie und an ihr ein uraltes, unerbittliches Gesetz vollziehen. Der Grund ihres Tuns läge dann im *Kanun*, der ohne ihr Wissen und Wollen in ihr wirkte.

Und doch geht in ihrer Geschichte der Tötung ein Riss durch das Männerbild der Blutrache, der kaum einem fraulichen Mutwillen entstammt, viel eher der Verzweiflung einer modernen Frau. Die Mutter Sadije widersetzte sich diesem Männergesetz, das die Rache zur Männersache gemacht hatte. Sie riss es todesmutig an sich und wurde zum Mann, nahm selbst jene Waffe zur Hand, mit der einzig nach dem *Kanun* Blut gefordert und gesühnt werden darf. Der *Kanun* kennt nicht Messer, Stein und Strick, kein Ding, das nicht Feuer speit und von weit zu hören ist. Sie erschiesst Zeqir mit einer Faustfeuerwaffe und kommt ihm ein letztes Mal so nahe, wie sich sonst nur zwei Männer im Zweikampf nahe kommen.

Oder ist es die Verbindung verwurzelter archaisch-patriarchalischer Handlungsweise mit orientierungslosem, modernem Empfinden, die Sadije, eine nach albanischem Ritus rechtlose Frau, dazu geführt hat, dass sie in modern-emanzipierter Anmassung das alte Vorrecht des männlichen Geschlechts an sich reisst, um ihre Tochter zu rächen und ihre verletzte Ehre zu retten?

Jusuf steht neben ihr, mit eigenen Sorgen zugedeckt und handlungsunfähig. Er hat voll Vertrauen seine Familienangelegenheit in die Hände des Gaststaates gelegt. Ist es am Ende der friedliebende Jusuf Ajazi, der seiner Ehefrau und der Mutter von Ardita den unheilvollen Pfad der Rache freigegeben hat? Er hat auf die urtümliche Rolle des rächenden Familienoberhauptes, die ihm der *Kanun* zuschiebt, bewusst verzichtet. Die Mutter hat unaufgefordert und wortlos seine Rolle zusammen mit seiner Waffe übernommen. Dass die zahlreichen Behörden und die zur Hilfe aufgerufenen Institutionen in der Schweiz unfähig waren, der Familie Ajazi den benötigten Beistand zu gewähren, hat ebenfalls wesentlich zu diesem Drama beigetragen. Und das Räderwerk der staatlichen Institutionen begann erst zu mahlen, als das Unglück schon geschehen war.

Sadije musste es in der düsteren Zeit ihrer «Heimsuchung» fast körperlich gespürt haben, dass es innerhalb der Schweiz zwei Lebenswelten gibt: Da ist das Land Schweiz mit seinen vielen Gesetzen, Bestimmungen und Reglementen für Inländer und Ausländer, für die Guten und die Bösen, für die Reichen und für die Armen, ein gegen aussen und die übrige Welt sich abschliessendes Territorium, das Ausländer zu Fremden macht. Die Familie Ajazi lebte in der Schweiz wie auf einer Insel, einem abgetrennten Territorium.

Für Sadije und ihre Familie gilt ein anderes Gesetz mit eigenen Regeln. Sie und ihr Herz folgen einem unverrückbaren inneren Gesetz mit seiner eigenen Logik. Zwischen diesen beiden Welten gibt es für sie keine verbindende Brücke und keinen Steg des Verstehens, der vom einen Territorium in das andere hinüberführt.

Mit ihrem Töten aus archaischem Impuls tritt sie in Wettstreit mit modernem schweizerischem Recht, das straft und verwaltet, um die Gesellschaft abzusichern. Wer den Racheakt der Albanerin in der

Schweiz mit der Untätigkeit der Behörden dieses Gastlandes gegenüber ihren familiären Problemen vor ihrer Tat vergleicht und bedenkt, dass diese Frau bestraft und dann aus der Schweiz ausgewiesen worden ist, wird anerkennen müssen, dass beides – die Rache und die Strafe – dem Streben nach Ausgleich, einem Zug der Gerechtigkeit entsprungen ist, so polar sich auch die beiden Positionen gegenüberstehen.

Die Rache ist mit der ausgleichenden, vergeltenden Gerechtigkeit durch ein Band verbunden, welches das Böse binden und bändigen soll. Dieses Band hat ein gut verzwirntes Ende und ein offen ausfransendes mit vielen Ausläufern. Das mit Zwirn veredelte Ende liegt in der ordnenden Hand der Politiker, der Mächtigen und im festen Griff des herrschenden Zeitgeistes. Das offene, ausfasernde Ende wurzelt im Grund des Herzens der Menschen, so wie es auch im Dunkel der Seele von Sadije verankert ist. Rache ist ein Schreckenswort! In ihrer plötzlich ausbrechenden Gewalt, in dieser Eruption der Todessucht, erscheint die Rache augenblicklich stärker als staatlich hergestelltes Recht, so wie der Blitz für Sekunden in der Lage ist, das Dunkel der Nacht zu bannen. Furchtbar ist die geballte Energie des Blitzes, die ungebändigte Natur, gleich furchtbar ist die undurchdringliche und lang währende Finsternis der Nacht, während der wir unter der unerträglichen Last bürokratischer Gesetze – biblisch ausgedrückt – «nach Gerechtigkeit dürsten».

In den entscheidenden Wochen und Tagen vor der Tat konnte niemand Sadijes Schritte lenken und niemand ihrem Leiden und ihrem Bedürfnis, ein normales und ungestörtes Familienleben zu führen, eine Stimme und eine Sprache geben. Niemand konnte sie davon abbringen, sich immer mehr als Beschützerin und Rächerin ihrer Ehre und ihrer Tochter Ardita zu erleben. Niemand konnte verhindern, dass sie immer tiefer in einem unruhigen Meer aus Gefühlen des Mitleids und Hasses, der Angst und Rache versank. Ebenso schutzlos, wie sie je zuvor vor Zeqir gestanden war, war sie nun ihrer eigenen Idee, ihrer Fantasie, töten zu können, dieser nackten Möglichkeit wortlos und unwiderruflich ausgeliefert.

Irgendeinmal, wahrscheinlich sehr bald – wenn sie einen oder zwei Schritte hinter Zeqir ging, ihm wie sein Schatten folgte, aus einem Grund, den sie noch nicht kennen konnte – wird sie die Waffe ergreifen, sie aufrichten und abdrücken. Den Finger um den kleinen, handlichen Metallhebel krümmen, eine leichte, natürliche Bewegung, ein Reflex mehr, wie von selbst ausgelöst. Niemand konnte in diesen teuflischen Zirkel, der plötzlich und unvorbereitet um sie gezogen schien, eingreifen.

Wenn ich mir den Verlauf der Vorgänge zur Mittagsstunde des 18. April 2000, soweit sie bekannt geworden sind, vergegenwärtige, so erinnert mich der unbeirrbare Entschluss der Sadije, zu töten und dies im öffentlichen Raum der allen zugänglichen und überblickbaren Strasse zu vollziehen, an eine öffentliche Vollstreckung oder Hinrichtung. Aber auch dieses Bild, so verlockend nah es uns vor dem Hintergrund des albanischen *Kanuns* erscheinen mag, wäre eine unzulässige Überhöhung der glanzlosen Realität. Obwohl Sadije auf offener Strasse tötete und nicht hinter den Gardinen der Wohnung, die sie soeben gemeinsam, wenn auch im Streit mit Zeqir verlassen hatte, handelte sie nicht vor den Augen der ganzen Welt. Es wäre ebenso vermessen, von einer Hinrichtung oder nur schon von einer planmässig durchkomponierten Tat zu sprechen, wie es falsch wäre, die Tötungshandlung im alles entscheidenden Moment auf eine reflexartige, ausschliesslich vom Stammhirn und dem Mandelkern gesteuerte, mehrfache Zuckung ihres rechten Zeigefingers zu reduzieren; als wäre alles nur unbedeutend mehr als ein Zittern von Sadijes Hand gewesen, ein Reflex wie das Zurückziehen der Hand vom Feuer, die unwillkürliche Bewegung eines Geschöpfes, dessen Seele soeben mit männlicher Energie erschlagen worden ist.

Den Entschluss zu töten hat Sadije heimlich und einsam gefasst, so hat sie ihn auch realisiert. Es war eigentlich keine Tat. Wir verbinden mit dem Begriff der Tat wie auch mit jenem des Täters oder der Täterin eine beinahe heroische Vorstellung, jedenfalls denken wir an ein planmässig durchdachtes Handeln. Es liegt etwas Plan- und Massloses, etwas Unbewusstes und daher Unerklärliches in der Art, wie die Mutter vorgegangen ist und wie sie auf den im Auto sitzenden Mann das gesamte Magazin einschliesslich das Patronenlager leer geschossen hat; sieben Einzelschüsse aus nur 20 cm Entfernung, wovon ein Schuss sein Ziel verfehlte, und man nicht weiss, welcher und aus welchem Grund. Hat es bei der Schussabgabe tatsächlich ein Handgemenge zwischen den beiden gegeben? Vier Schüsse waren nach Ansicht des Gerichtsmediziners jeder für sich tödlich. Die Einschüsse liegen auf der linken Seite des Kopfes, des Halses und Oberkörpers von Zeqir. Sadije hat Zeqir nicht ins Auge geblickt, als sie ihn erschoss.

Wir können Sadije uns als eine moderne Heldin vorstellen, die sich für ihre Tochter opfert. Wir können von ihr – aufgrund der verschiedenen Erzählungen aus ihrer Familie, so wie diese mir zugeflossen sind, und ohne von der amtlichen, im Urteil verbrieften Wahrheit abzuweichen – ein Bild entwerfen, das diese Mutter verklärt und die tragischen Züge ihrer Geschichte hervorhebt: Sadije nimmt die Bürde, die durch Zeqirs Gewalttätigkeit Ardita gegenüber auf allen lastete, auf sich. Sie hat zu tun übernommen, was niemand tun konnte: Sie befreite Ardita von Zeqir. Sie realisierte nicht, dass sie sich damit eine Last aufgebürdet hat, die nicht die ihre war und nicht die ihre sein durfte und die sie daher auch nicht allein tragen durfte. Sie sah nicht ein, dass sie dazu gar nicht fähig war. Sie hat diese Last von den Schultern ihrer Familienmitglieder genommen, die selbst nach dem überalterten Sittengesetz, dem *Kanun*, einzig den Männern zustand.

Sie hat diese Last auf sich genommen, die auf der Gesellschaft, nach gültigem, modernem und herrschendem Recht einzig auf dem Justizapparat der Schweiz, ihrem Gastland ruhte. Damit hat Sadije eine zu schwere Last sich aufgeladen. Als Mutter hat sie ihre Tochter mit der gleichen Konsequenz und Unerbittlichkeit geschützt, wie eine amtliche Vollstreckerin das staatliche Gesetz unfehlbar hütet und vollzieht. Sie hat sich dem gleichen Kraftfeld von Gut und Böse ausgesetzt, dem unsere ganze Gesellschaft untersteht. Sie hat sich der gleichen, unausweichlich starken Schwerkraft unterworfen, der wir alle unterliegen: der ausgleichenden, der wiederherstellenden Gerechtigkeit.

Sie hat allein das zu leisten versucht, woran auch die ganze Gesellschaft immer wieder scheitert. Sie wollte Sicherheit herstellen, zu ihrem Blut stehen und gemäss dem albanischen *Kanun* ins Blut eintreten, sie wollte letztlich Gerechtigkeit schaffen. Die Justiz hat sie deswegen schuldig gesprochen.

Wer Gerechtigkeit gewaltsam herstellt und vollstreckt, der richtet sich selbst. Das gilt auch für diese um ihre Tochter bangende Mutter, welche die Gerechtigkeit mit eigener Hand zu greifen versucht hat. Aber das gilt nicht nur für sie. Diese Logik erfasst in gleicher Weise den staatlichen Richter, welcher der Gesellschaft dienen will. Diese Logik bietet den Gefühlen der Reue keinen Raum. So haben Psychiater und Gericht bei Sadije vergeblich auf Zeichen ihrer Reue gewartet, welche die Richter noch milder hätte stimmen können. Wäre den Richtern und Richterinnen das Verhalten der Sadije verständlich erschienen, hätten sie es als einfühlbar und entschuldbar taxiert, so hätten sie die auf sechseinhalb Jahre festgesetzte Strafe auf die Hälfte oder auf noch weniger reduzieren können. Aber darauf kommt es letztlich nicht an.

Das Geschehen bleibt geheimnisumwittert und schrecklich. Es lässt sich auch mit dem *Kanun*, diesem archaischen Gewohnheitsrecht Nordalbaniens, weder restlos erklären noch enträtseln. Es ragt ins Irrationale und in die Tiefe abgründiger Gefühle hinein. Unser Wille zu sehen, geschweige denn zu verstehen, weicht vor der Brutalität der vorgestellten Situation der Erschiessung zurück.

So wie wir selbst im Kino die Augen schliessen, wenn wir wissen, jetzt fällt der Schuss, jetzt spritzt Blut, so sehen wir weg von dieser fatalen Situation und den Gründen und Abgründen, die zu diesem Endpunkt der Tötung im Kugelhagel führen. Wir könnten sonst durch unseren unverwandten Blick auf diese Szene entdecken, wie im Grund unseres Herzens, im seelischen Tiefpunkt, das Töten wieder selbstverständlich wird wie im Märchen. Eine Erkenntnis, die uns den Schlaf rauben kann.

Für unseren Seelenfrieden wäre es besser, uns mit dem Urteilstext zu begnügen. Dann bliebe es beim Töten aus nichtigem Grund, beim unverständlichen Verbrechen und einzigartigen Vorfall. Für Sadije könnte die Frage offen sein, ob sie wie im Märchen einen elementaren Kampf führte und ob am Ende ihrer Geschichte das Gute über das Böse triumphieren würde.

Wir können von Sadije auch ein anderes Bild entwerfen und sie als eine primitive Frau sehen: Wenn sie auch nicht nur um ihren eigenen Rock und ihr eigenes Hemd gekämpft hätte, focht sie mit

Zeqir doch nur einen Revierkampf aus, in dem sie als ausländische Einwohnerin der Schweiz bald jeden Halt und festen Stand verlor. Sie hätte auch dann nicht ohne Grund getötet. Aber ihr Töten wäre ohne jeden heldenhaften Abglanz im rein existenziellen, animalisch-triebhaften Schutzreflex einer Mutter verwurzelt.

Sie wusste, was Ardita erwartete, wenn diese sich entschliessen sollte, Zeqir zu verlassen. Dessen Ehre als Patriarch wäre schwer beschädigt worden. Seine frühere Drohung gegenüber ihrer Tochter, «Wenn du gehst, bist du tot!», war in Sadijes Bewusstsein, auch wenn sie diese Worte nicht gehört hatte. Sadije wusste auch, was sie selbst erwartete, als sie zum Schutz ihrer Tochter tötete und sich auf diese Weise für sie «opferte». So betrachtet, hätte sie sich selbst wie ein Muttertier zwischen Zeqir und Ardita geworfen, um durch ihren Körper und ihre ganze Existenz ihre Tochter zu schützen, um sich dem Aggressor als vergiftete Beute anzubieten.

Ein derartiges eindimensionales und rudimentäres Bild drängt sich uns auf, wenn wir Sadije nur als Mutter wahrnehmen. Zudem fehlt in der Realität ein wichtiges Element dieses Bildes: ihre Tochter! In der Wirklichkeit breitet sich vor unseren Augen nicht ein Bild aus, das zeigt, wie die Mutter ihre Tochter befreit. Ardita ist ihr nicht um den Hals gefallen, als Zeqir unter dem Kugelhagel zusammenbrach. Zur Zeit der Tat war Ardita vielmehr in den Händen der Familie Ferizaj, und niemand wusste, wie diese sich gegenüber der Tochter der Mörderin verhalten würde. Selbst wenn im *Kanun* die Gastfreundschaft gleich wie die Ehre als ein unverbrüchlicher Wert hochgehalten wird, ist deren Schutz nach dem alten Gewohnheitsrecht durch schwer verständliche Regeln eng begrenzt. Es ist kaum vorstellbar, dass eine um das Wohl ihrer Tochter besorgte Mutter diese einer solchen Gefahr aussetzen würde.

Wenn wir in Sadije ausschliesslich die für ihre Tochter sich opfernde Mutter sehen, verlieren wir sie als eigenständige Person aus den Augen, dann unterschätzen wir ihre Persönlichkeit. Zur Basis und Grundlage unseres Seins gehört stets und unverlierbar unser Bewusstsein, ein ehrbarer und geachteter Mensch zu sein. Eine schwer verwundete Seele blutet nicht weniger als ein durchschossenes Herz. Sadije selbst stand auf dem Spiel, als sie tötete.

Ich weiss nicht, ob die von mir hervorgehobenen Bilder der Mutter wirklich voneinander zu trennen sind, ob sie nicht im Leben dieser Frau, letztlich einer tragischen Figur, unentwirrbar miteinander verwoben sind. Denn die Realität, das wissen wir alle, liefert nie reine Bilder, die einer vorgegebenen oder auch nur vorgestellten Ideologie folgen. Anders gesagt, es ist nicht hilfreich, die verschachtelte, verschlungene und schillernde Realität auf ein einfaches Gehäuse mit einem Heiligenbild oder einer Teufelsfratze oder gar auf ein grundloses, gesichtsloses Nichts zu reduzieren. Das halbe Bild ist nicht wahr, auch wenn es auf den ersten Blick klarer und verständlicher erscheinen mag als das ganze. Und ein Beweggrund, etwas zu tun, schliesst ein weiteres Motiv, dasselbe zu tun, nicht aus.

Wenn wir die letzten Stunden vor dem Töten in Gedanken mit Sadije verbringen und ihren Wegen dorthin folgen, begegnen wir ihrer Angst und ihrem stummen Leiden. Gleichzeitig werden wir in Arditas Schmerz einbezogen, der sich im Herzen der Mutter spiegelt und durch deren eigenen Kummer verstärkt worden ist. Sadije litt während der Monate ihrer Trennung von ihrer Tochter unter der Vorstellung, wie Zeqir diese beherrschen und ihr unerhörten Schmerz zufügen konnte. Wir begegnen auch Violettas Leiden.

Wird das Leid dieser Frauen, vor allem jenes von Ardita, das den

Kummer, den Schmerz und die Angst und zuletzt das Verbrechen der Mutter erzeugte, in unserem mitfühlenden Herzen erwogen, so mag vieles klarer und verständlicher werden, als es in den Akten des Gerichts niedergelegt ist.

Wir sehen mit dem Herzen, was vom Recht und der Konvention vor Gericht verhüllt worden ist. Unser mitfühlender Blick, der weder verurteilt noch gutheisst, wird den Schleier des Geheimnisses um dieses Verbrechen durchdringen. Und wer weiss, vielleicht entdecken wir die Wurzeln von Sadijes Antrieb zu töten auf dem Grund ihres Herzens. Oder wir sehen in den Abgrund ihrer Seele, in die gähnende Leere, in die das platte Terrain des Alltags plötzlich abfällt, in diese Schwindel erregende Tiefe, die sich auftut wie über Südafrikas Goldminen, die im Tagbau während Jahrzehnten unablässig immer weiter in die Tiefe abgegraben worden sind.

Und wir verstehen plötzlich, dass in Sadije die Fantasie zu töten nur wuchern konnte, weil sie sich nicht verständlich machen, weil sie ihrem Leiden kein Gehör verschaffen konnte. Das stumme Leiden, ihre Todesangst und Sprachlosigkeit sind der Grund, auf dem die Verzweiflung, das Böse in Sadije unbemerkt gewachsen ist. Das Geheimnis um diese Tötung erschien so gesehen doch mehr als eine begrifflich-juristische Verhüllung.

Es wird uns nach dem Blick nach unten ins Bodenlose wahrscheinlich schwindlig werden, wie immer, wenn wir unvermittelt vor einen ungeschützten Abgrund zu stehen kommen. Wir stehen vor Sadije wie vor dem Abgang zur Hölle!

Sadijes Töten ist nicht ohne Grund. Es ist nicht grundlos; es ist wortlos und heimlich in ihr gewachsen und über sie, Zeqir und schliesslich über ihre ganze Familie gekommen. Ihr stummes Leiden, ihre Angst ist der Grund, auf dem Sadijes Töten gewachsen ist. Sadie tötete, weil sie stumm litt, weil sie am Ende verzweifelt war; weil niemand sie von dort rechtzeitig erlösen konnte. War am Ende Sadijes Geschichte noch viel glanzloser, viel niedriger und trostloser, als wir uns selbst die äussersten Grenzsituationen im Leben eines einfachen Menschen vorstellen? Ihr Kern könnte eine Frage von Sein oder Nicht-Sein gewesen sein.

Es scheint mir einfühlbar zu sein, dass die von Zeqir mit der Waffe bedrohte Sadije durch Todesangst zum Töten getrieben worden sein könnte, dass sie nur überleben wollte: Sie wollte Zeqir töten, bevor er sie töten konnte. Am Ende war ihr Wunsch zu überleben der tiefere und daher verborgene Grund ihres Handelns. Und dass die übergrosse Sorge um ihre Tochter sie genau in dieses tödliche Spannungsfeld mit Zeqir gebracht hatte, ist deshalb nicht weniger wahr.

Ob sie darüber hinaus sich und ihre Tochter an Zeqir gleichzeitig gerächt hat? Wer möchte das bejahen, wer könnte es letztlich ausschliessen? Wie wollen wir fremde Not erkennen und verstehen, die noch nie in Worte gefasst worden ist und sich der Herrschaft des Wortes entzieht, weil sie im innersten Kern ein Knäuel wirrer Gefühle, Angst und Verzweiflung ist? Wie sollte das geschehen in einem Fall, in dem nicht einmal Sadije selbst sich ihres Leidens und noch weniger ihres verheerenden Wunsches zu töten voll und ganz bewusst war, sie jedenfalls nicht darüber sprechen konnte? Was sprachlos und rätselhaft sich im dunkeln Grund unseres Herzens einnistet, wie wollen wir das verstehen und wie wollen wir sein Wachsen, Wuchern und Wirken in uns beherrschen oder auch nur wahrnehmen? Und wie hätte das Sadije in ihrer Situation gelingen können, einer vom Alltag gejagten und von Sorgen, Nöten und von Todesangst gepeinigten Frau, einem einsam und sprachlos leidenden Menschen?

Und wenn den Handelnden und Betroffenen die Worte, jedenfalls die richtigen und hilfreichen, fehlen, können wir, die wir bloss beobachten, sie finden? Und hätten wir die richtigen Worte, was taugten sie? Wem würden sie helfen, wen könnten sie trösten? Und was bewirken hingeworfene Worte in diesem harten Alltag, dem die Familien dieses Dramas ausgesetzt waren und es noch immer sind?

Was sagen Worte, was sagen sie uns wirklich, wenn wir zum Beispiel aussprechen würden, dass Sadije getötet hat, um ihre Tochter zu schützen, um ihre Ehre oder jene ihrer Familie zu retten? Wüssten wir mehr über die Ängste und den Strudel der Gefühle, in die Sadije in jenen Tagen und Wochen vor der Tat durch die Sorge um ihre Tochter Ardita hineingerissen wurde?

Was wüssten wir mehr von Sadije, wenn wir diese Gefühle beschreiben, sie als Angst, verzweifelte Angst und – von ihr ausgelöst – als Hass und hilflose Wut oder gar als Rachsucht gegen Zeqir, den «Peiniger», benennen wollten? Was hätten wir mehr ausser ein paar Worte, die eigentlich Schlagworte und Worthülsen sind, um uns besser der Illusion hinzugeben, wir verstünden nun, was diese Frau gefühlt, was sie «mitgemacht» hat? Solche Begriffe scheinen wie geschaffen, um uns das Recht zu geben, über Sadije zu urteilen, sie zu verurteilen. Aber ist dem wirklich so? Kennen wir die Hölle, durch die sie gegangen ist? Kennen wir irgendeine andere Hölle als jene, die wir in uns selbst durchlitten haben? Wir stehen vor fremdem Leid und der Not des anderen verwirrt und ratlos wie vor dem Eingang zur Hölle.

Was verstehen wir mehr vom Leben, wenn wir erfahren, dass nach der Vorstellung der Sadije die Ehre einen anderen Stellenwert hat, als sie heute bei uns einnimmt, dass in ihrem Heimatland Kosovo, in dem sie die ersten dreissig Jahre ihres Lebens gelebt hat, für die Rettung der Ehre noch heute zur Waffe gegriffen wird? Das jahrhundertealte Gewohnheitsrecht, ja die Blutrache ist seit dem Zusammenbruch des kommunistischen Regimes wieder vermehrt aufgelodert. Das mag unverständlich erscheinen. Aber das durch den Zusammenbruch entstandene Machtvakuum hat altes albanisches Brauchtum wieder aufleben lassen, das sich als zäher erweist als die politischen Systeme, die entstehen und vergehen.

Besinnen wir uns auf unsere eigene Vergangenheit! Haben in Mitteleuropa nicht noch im ausgehenden 19. Jahrhundert Männer, die wegen Beleidigungen in «Ehrenhändel» verstrickt waren, sich immer wieder duelliert und geglaubt, dies ihrer verletzten Ehre schuldig zu sein? Zu jener Zeit wurde in Deutschland ein Offizier, der sich weigerte, sich dem an sich verbotenen Zweikampf zu stellen, aus dem Heer gestossen.[28]

Und die Mensur, der studentische Zweikampf, hat sich, wenn auch nur vereinzelt, bis in unsere Tage als ehrenvolle Initiation für «Männer mit Schmiss» mit einer Fechtnarbe im Gesicht erhalten. Im schweizerischen Strafgesetzbuch konnte der Straftatbestand des Zweikampfes erst 1990 wegen seiner Bedeutungslosigkeit abgeschafft werden, erst im Verlaufe der letzten hundert Jahre hat sich bei uns die Überzeugung endgültig durchgesetzt, dass die Ehre einen Menschen keineswegs verpflichtet, seinem Mitmenschen im zivilen Zweikampf entgegenzutreten.

Noch immer ist es in diesem Jahrhundert für junge Männer zwar keine Ehre, aber eine patriotische Pflicht, für ihr Vaterland zu den Waffen, zum kollektiven Kampf aufgerufen und eingezogen zu werden. Noch weit verbreitet ist gerade in der Schweiz – (die den «Ernstfall» – wie Friedrich Dürrenmatt betonte – zwar immer geprobt, ihn

aber nie erlitten hat und sich daher sehr kriegerisch gibt) – die Auffassung, erst die soldatische Ausbildung mache aus einem Jungen einen «richtigen Mann». Zivilcourage bleibt weitgehend unbeachtet.

Vergegenwärtigen wir uns kurz die politische Situation des Heimatlandes der Familien Ajazi und Ferizaj und schliessen wir sie in unsere Betrachtung ein: Seit der Aufhebung der Autonomie des Kosovo durch Milosevic im Jahr 1989 wurde das Volk zu Tausenden das Opfer brutaler Terror- und Antiterrorkämpfe der Rebellenarmee UCK und der Serben. Das war die Zeit, als Sadije ihr Land verlassen musste. Sie zog 1991 mit ihren vier Kindern zu ihrem Mann Jusuf in die Schweiz.

Seit dem Rückzug des serbischen Militär- und Verwaltungsapparates aus dem Kosovo im Jahr 1999 wurde auch die zivile Bevölkerung zum Opfer eines Luftkrieges der Nato gegen Jugoslawien, der zu Massenvertreibungen von 800 000 Menschen und am Ende zu einem prekären internationalen Sonderstatus des Gebietes als Uno-Protektorat[29] führte. Formell gehört das Gebiet noch immer zu Serbien-Montenegro.

Nachdem die westlichen Mächte sich darauf verständigt haben, dass der Kosovo nicht mehr unter Belgrads Souveränität zurückkehren soll, geht die Entwicklung Richtung Autonomie. Die Zukunft des Kosovo bleibt ungewiss. Wie sollte da das Volk nicht verunsichert und durchdrungen sein vom Glauben, es gelte das Faustrecht, es herrsche die Gewalt?

Mag sein, dass wir – dies alles bedenkend – durch unser vermehrtes Wissen zurückhaltender, irgendwie unsicherer würden, auch wenn wir Sadije weder verstehen noch viel weniger ihr verzeihen könnten. Aber darum geht es nicht. Die für meine Erklärungsversuche verwendeten Worte sind nicht entscheidend. Alle Begriffe, Urteile und Vorurteile sollten wir für einen Moment vergessen oder wenigstens versuchen, uns Abstand und Freiheit von ihnen zu verschaffen. Vielleicht könnten uns dann die Augen aufgehen, so dass wir vollständiger sehen, die Wirklichkeit stärker wahrnehmen und die Realität umfassender erfahren.

Auch wenn wir realisieren, dass wir nie alles wissen, selbst den scheinbar einfachsten Vorgang nicht völlig sehen, ihn nicht voll und ganz erfassen und daher über uns und unsere Mitmenschen nie ein endgültiges Urteil fällen können. Und wenn wir dies dennoch tun, weil wir durch unser Amt dazu verurteilt sind, andere zu verurteilen, so trifft dieses Urteil in erster Linie und dann ganz am Schluss unfehlbar uns selbst, auch wenn wir dies als Letzte realisieren gleich dem unwissenden, eifrigen König Ödipus, dem Helden in der altgriechischen Tragödie des Sophokles.

Wieso erinnern wir uns nicht an das Wort des Sufi-Meisters Maulana Dschalaluddin Rumi: «Jenseits von Richtig und Falsch liegt ein Ort, dort wollen wir uns treffen.» Die Rolle, welche das Schweizer Recht und die Justiz in dieser Geschichte gespielt haben, ist so trostlos wie das Drama selbst, das sie hätten regeln und befrieden sollen. Es darf nicht geschehen, dass eine Person, die gemäss ausdrücklicher Anweisung des Gerichts im Land bleiben darf, von der Polizei dieses Landes verwiesen wird! Eigenartig: Nachdem ich an der Basler Universität[30] die Rechte studiert und sie dann während vierzig Jahren praktiziert[31] habe, mag ich mich nicht mehr an den Urteilen dieser Art orientieren und mich in meinem Denken und Sein danach ausrichten. Solches Juristen- und Technokratenrecht empfinde ich als selbstgerecht. Es ist nicht das Recht, das ich wirklich kenne und in mir spüre und das in den Herzen der Menschen eingezeichnet ist und das sie wie selbstverständlich in sich tragen.

Mehr noch als die Widersprüchlichkeit der beiden Gerichtsentscheide stört mich, dass die Mutter aus der Schweiz ausgewiesen wurde, nachdem sie in der Schweiz die Strafe verbüsst hatte. Sie gilt als resozialisiert, als in die Gesellschaft dieses Landes wieder eingegliedert. Aber nicht nur ihr Schicksal und ihr Anspruch auf Gerechtigkeit stehen auf dem Spiel. Wer einen Blick auf das Leben und Leiden der Familie Ajazi wirft, dem wird klar, dass der Staat daran zwar nicht schuld ist, dass er aber durch die verfügte Ausweisung der Mutter aus dem «Hoheitsgebiet der Schweiz» sie nicht nur doppelt straft, sondern der ganzen, am Drama unschuldigen Familie unnötiges Leiden zugefügt hat. Der Rechtsstaat sät damit leichtsinnig neue Keime für soziale Abstürze und Katastrophen.

Es wäre richtig und wichtig, dass unsere vielfältig sozial tätigen staatlichen und privaten Institutionen alles unternehmen würden, um die Mutter wieder in die Schweiz zu lassen, wo sie seit 1991 gelebt hat. Niemand fördert oder schützt diese Familie. Niemand denkt oder handelt in diesem Sinn. Und darum geschieht nichts Positives.

Auch den Angehörigen des Toten hat die Justiz weder Trost noch Hilfe gebracht, ausser dem kleinen Geldsegen unter dem Titel Genugtuung[32], den niemand erwähnen mag. Mirlindas Empörung über das milde Strafurteil ist spiegelbildlich gleich jener der Sadije gegenüber dem Urteil, sie aus der Schweiz auszuweisen.

Strafe muss sein. Sie muss sein, um die Rache der Opfer und ihrer Familien zu bannen. Wenn wir jedoch all die Energie und die Mittel, die wir in unsere Strafmaschinerie investieren, vorgängig dafür einsetzten, uns unseren Mitmenschen zur rechten Zeit in menschenfreundlicher Absicht zu nähern und sie nicht zu knechten und zu demütigen, wäre kaum so viel Strafe erforderlich.

Muss Strafe sein? Wir sagen, wir brauchen Strafe, um noch mehr Unheil zu verhüten, um Menschen vor neuen Taten abzuschrecken. Aber auch das Grundgesetz des Todes, der *Kanun*, ist in seinem Anspruch, abschreckend zu wirken, der modernen Strafe artverwandt.

Sein Grundsatz, dass Blut nie verloren gehe und nur durch Blut getilgt werden könne, scheint ein barbarisches, ja monströses Gesetz zu sein. Die Münze der Blutrache hat jedoch die gleiche Kehrseite wie unsere staatliche Freiheitsstrafe: Die Bestimmung, der Tod sei nur mit dem Tod zu vergelten, kann einen Mörder von der Tat abhalten, indem sie ihm vor Augen führt: Wenn du fremdes Blut vergiesst, bezahlst du mit deinem eigenen dafür. Genauso argumentiert auch der Strafrechtler mit der Abschreckung im Allgemeinen und im speziellen Fall. Das ist die Theorie der General- und Spezialprävention, der sich das geltende Strafrecht verschrieben hat.

Wenn ich den Vergleich des verruchten *Kanun* von Lek Dukagjini mit unserem modernen Recht weiterführe bis in die Verästelung des Ausschaffungsrechts, so erkenne ich, dass beide Regelwerke zu vergleichbaren, barbarischen Verhältnissen führen. Ja, oft noch hat es fast den Anschein, das archaische Stammesrecht sei stellenweise noch menschenfreundlicher als das moderne Recht des Staates. Sadije wäre nach dem *Kanun* als Frau gar nicht ins Blut gefallen, ebenso wenig wie Priester. Sie wäre dem Gericht ihres Mannes, vielleicht letztlich dem Gericht der Dorfältesten und deren Urteil unterstanden. Aber selbst die Männer, die Blutrache übten und alsdann zum Blutgeber wurden und der Rache der Familie des Opfers ausgesetzt waren, hatten das Recht, einen der im Land verteilten Fluchttürme aufzusuchen und sich dort in den lichtlosen Räumen dieser Festungen vor ihren Rächern zu verstecken.

Nachdem Sadije vom modernen Strafrecht eine angemessene Strafe zugeteilt erhalten hatte, verfiel sie dem polizeistaatlichen Ausschaffungsbefehl. Der moderne Staat Schweiz schlug sie in Acht und Bann und zwang sie zur Rückkehr in einen der Fluchttürme ihres von Krieg und Bürgerkriegswirren zerstörten Heimatlandes Kosovo.

Sind albanischer *Kanun* und moderner schweizerischer Polizeistaat so verschieden voneinander in ihren Auswirkungen und ihrer zerstörerischen Potenz? Was hat das Recht vor oder nach dieser schrecklichen Bluttat zur Lösung der menschlichen und familiären Konflikte und zur Linderung des menschlichen Leids beigetragen? Was schliesslich zur Bluttat geführt hat, konnte das Recht nicht verhindern, und die Folgen davon konnte es nicht mildern. Nur neues, unnötiges Leid, das niemandem nützt, konnte es schaffen.

Ich glaube es immer deutlicher zu sehen, seit ich eine kleine innere Distanz zu meinem Beruf als Vollblutjurist und Rechtsanwalt geschaffen habe, seitdem mir diese Distanz durch die Entwicklung geradezu aufgedrängt worden ist: Die Justiz, ja selbst die Gerechtigkeit, sind bloss Wegmarken auf dem langen, beschwerlichen Weg, den Menschen gehen, um einander zu vergeben oder sich zu versöhnen, wenn sie durch Unrecht und Feindschaft voneinander getrennt worden sind.

Trotzdem scheint mir, das Strafgericht habe im Fall Ajazi die Stimme der Menschlichkeit vernommen und ihr gegenüber Rachegelüsten den Vorzug gegeben. Diesmal ist es dem Verteidiger gelungen, nicht den Fall und die Sache, sondern die Familie, vor allem auch die Kinder und ihren Vater vor Gericht sichtbar zu machen.

Das Strafgericht hat deshalb auf die Landesverweisung verzichtet. Frau Chantal Hell, eine vorzügliche Juristin, die nicht verlernt hat, auch mit dem Herzen zu sehen, hat das Gericht präsidiert. Das

Strafgericht hat unter dem Dach des Familienschutzes der Europäischen Menschenrechtskonvention korrekt und menschlich entschieden; die Polizei und die Verwaltungsgerichte hingegen tölpelhaft, ja fremden- und lebensfeindlich.

Die im Urteil des Strafgerichts kondensierte und konservierte Wahrheit bleibt für mich ohne Überzeugungskraft, auch wenn es die amtliche, also offizielle Wahrheit ist und das Ergebnis des Urteils, die ausgesprochene Strafe als angemessen, ja als milde erscheint. Das Urteil ist auch nach dem Selbstverständnis der Juristen immer nur so gut wie seine Begründung, inwieweit sie überzeugt und die Wahrheit offen legt. Wie sollte in diesem Fall die gerichtlich festgeschriebene Wahrheit, nämlich der im Urteil ans Licht gehobene und öffentlich dargestellte «nichtige Grund» der Tötung überzeugen?

Je erfahrener ich als Jurist werde, umso mehr frage ich mich, wie das überhaupt kommt, dass wir als post-moderne, jedenfalls aufgeklärte Gesellschaft in einer Demokratie einer gerichtlichen, amtlichen Wahrheit so viel devotes Vertrauen entgegenbringen. Vielleicht ist das alles in erster Linie eine Folge der praktischen Notwendigkeit, mit einem Drama wie dem geschilderten fertig zu werden, es zur «Sache» werden zu lassen, zum bürokratisch verarbeiteten und dann klassierten und archivierten *case*.

Wie kann ich in Kenntnis der Abläufe vor Gericht und der Fabrikation des Urteilsgebäudes überhaupt noch die Behauptung aufrechterhalten, das Gericht komme der Wahrheit auch nur annähernd nahe? Kann das Gericht der Wahrheit näher kommen, wenn es sich wie im Fall der Sadije Ajazi die Frage vorlegt, ob ihre Aussagen glaubhaft sind, ob sie sogar plausibel sind? Als entspräche die Realität unseren Erwartungen und wäre nur real, was auch plausibel erscheint.

Kommen wir der Wahrheit näher, wenn wir abwägen, welche der verschiedenen, uns aufgetischten Geschichten wir eher mit unserem Weltbild vereinbaren können? Wieso geben wir uns mit der gerichtlichen Wahrheit zufrieden, die begrifflich so gefällig, aber auch so oberflächlich und vom ursprünglichen menschlichen Empfinden und von den Tatsachen losgelöst daherkommt? Ja, wir lieben das abstrakte, das vom Menschlichen entkleidete Recht. Die nackte Wahrheit!

Aber was ist das für eine Wahrheit, wenn wir uns mit dem Gericht fragen, ob «ein anderer, an sich anständig Gesinnter in der betreffenden Situation leicht in einen solchen Affekt geraten wäre wie die Angeklagte»? Nach Meinung des Gerichts «dient als Massstab der Durchschnittsmensch der Rechtsgemeinschaft, welcher die Täterin nach Herkunft, Erziehung und täglicher Lebensführung angehört». Doch welcher Gemeinschaft gehört Sadije nach Herkunft, Erziehung und täglicher Lebensführung an? Der schweizerischen, der albanischen, gar jenem Brauchtum, wie ihn der *Kanun* überliefert, der christlichen, der kommunistisch-atheistischen oder der islamischen? Was bedeutet das alles heute noch? Wessen Wahrheit sieht heute noch so aus? Jede Wahrheit ist konkret und hat ein menschliches Gesicht. Und dieses Gesicht finden wir in keinem Gesetzbuch abgebildet oder vorgezeichnet. Es schreibt sich in unser Herz ein, eine andere Heimat gibt es nicht. Ich glaube, wir können jede Wahrheit nur als Wirklichkeit des anderen erfassen. Die Frage ist nicht, ob ich die Geschichte in dieser oder jener Variante besser in mein eigenes Menschenbild einfügen kann. Die Frage ist einzig, ob es mir gelingt, mich in die Person, die das Schicksal erleidet, so einzufühlen und mich derart in sie hineinzuversetzen, dass ich ihr Erleben mitfühlend erahne und ihre Bedürfnisse, Sehnsüchte und Ängste in mich aufnehme und sie zu verstehen suche, als wären es meine eigenen Bedürfnisse, Sehnsüchte und Ängste. Erst im Moment des Verstehens ist es möglich, Versöhnung und Frieden wiederherzustellen und vielleicht in die Zukunft hinein zu wirken, wenigstens für eine kurze, aber entscheidende Zeit. Wenn wir so tief fühlen und mit unserem Herzen so gut sehen könnten, würde es auch unmöglich werden zu sagen, eine Mutter oder irgend jemand habe «aus nichtigem Grund» getötet.

Niemand handelt aus nichtigem Grund. Aber viel Lebensfeindliches passiert, wenn wir dem anderen den Eindruck vermitteln, er sei ein Nichts, ein radikaler Verlierer und handle aus nichtigem Grund. Und würden wir auch nur so tief in die Seele der Täterin blicken, wie die Strafrichter es bei Sadije getan haben, wir würden die Frau nach Verbüssung ihrer Strafe in der Schweiz nicht des Landes verweisen.

Es ist ein schwacher Trost zu wissen, dass jedes schriftliche Urteil letztlich nur so gut in Worte umgesetzt erscheint, wie der im Dunkel der Anonymität verharrende Gerichtsschreiber es zu redigieren versteht. Ein falsches Wort im amtlichen Dokument, ein Wort im Urteil falsch gesetzt, kann unabsehbare Folgen haben. In diesem Gerichtsfall hätte ein klein wenig mehr Einfühlung und Achtsamkeit genügt, um diese oberflächliche Bemerkung über den nichtigen Grund im Strafurteil zu vermeiden. Und dann hätten sich auch die Fremdenpolizisten nicht wie Geier auf den toten, schon ausgeweideten Begriffs- und Wortkörper des «nichtigen Grundes» stürzen können, um die von ihrem Schicksal gezeichnete Mutter unter staatlichem Zwang aus dem Gebiet der Schweiz auszuschaffen. Den Gerichten und den Juristen wären die Narrendienste erspart geblieben, die sie hilfreich und eilfertig über alle Etagen der Justiz hinweg den Fremden-Polizisten zu erweisen bereit waren.

Es ist unverkennbar, dass in der Grundlosigkeit, diesem schwarzen Loch des Erlebens und der Logik, drei verschiedene Sphären ihre unheilvolle Berührungsfläche haben.

Da ist die Sphäre von Mirlindas Verzweiflung über den «grundlosen» Tod ihres Bruders Zeqir. Die Tötung eines Menschen ist immer unzureichend begründbar, weil sie ein zutiefst unmenschlicher Akt ist.

Und da ist der rein intellektuelle Schluss des Strafgerichtsurteils, Sadije habe aus nichtigem Grund getötet. Und dieser Schluss sagt vielleicht kaum viel mehr als die Erkenntnis, dass jede Tötung eines Menschen unmenschlich ist. Aber einen Grund hat sie trotzdem!

Und dazu kommt noch Sadijes eigene Erklärung, es sei eben passiert, weil sie einfach genug gehabt hätte. Auch das erklärt nichts, zeigt lediglich, dass Sadije sprachlos ist oder sprachlos gemacht worden ist. Der fehlende Grund des Tuns, des Tötens, dieser Abgrund der Seele sind Ausdruck und Folge des stummen Leidens der Frauen in dieser Geschichte.

Ardita hat stumm unter Zeqir gelitten und ausgeharrt. Trotzdem ist aus ihrem Schmerz das Leiden ihrer Mutter gewachsen, das ebenso sprachlos blieb. Das Leiden von Violetta, Zeqirs erster Frau, verharrte ebenso im Unausgesprochenen und Unaussprechlichen. Und auch Mirlindas Schmerz verhallt weitgehend unerhört und weithin ohne erkennbare menschliche Resonanz.

Die Grundlosigkeit des Tötens entstammt dem gleichen schwarzen Loch, dieser geballten und untragbar schwer gepressten Materie, in der das Leiden und der Schmerz der Frauen dieser Geschichte gefangen ist. In ihrer Sprachlosigkeit bleiben sie voneinander räumlich und innerlich getrennt und unverstanden. Es ist das Loch im Text dieser Geschichte und – was schwerer wiegt – im Kontext des Lebens. Es ist Dunkelheit und Schweigen, das die Frauen miteinander verbindet. Dass das Töten grundlos war, darin sind sich alle einig. Das ist eine nihilistische Einigkeit. In dieser scheinbaren Einigkeit der tödlich zerstrittenen Familien mit ihren Richtern wird die Unfähigkeit der Beteiligten und des Rechts offenbar, die Wurzeln der Konflikte offen zu legen, geschweige denn diese zu lösen und Frieden zu stiften.

Grund meines Tuns, Abgrund meiner Seele! Der Grund, weswegen etwas geschieht, ist nicht gleichgültig und darf uns nicht gleichgültig lassen. Die Gründe und Motive eines Verbrechens aufzudecken kann nicht nur dazu dienen, jemanden zu bestrafen. Dieses Forschen nach dem Grund, aus dem heraus eine Handlung hervorbricht, diese Arbeit, unser Bewusstsein zu schärfen für die Beweggründe und die Hintergründe unserer Handlungen, kann dazu beitragen, dem anderen respektvoller und wohlwollender zu begegnen. Nichts geschieht «einfach so», eine vorsätzliche Tötung schon gar nicht. Wenn wir sagen, etwas sei einfach geschehen, es sei einfach nicht mehr anders gegangen, dann ist dieses Wort «einfach» eine Metapher für ein kompliziertes, uns meist verborgenes Geschehen auf dem Grund unserer Seele.

Nichts geschieht einfach und ohne Grund oder aus nichtigem Grund. Niemand bringt einen anderen aus einem nichtigen Grund um. Alles, was geschieht, hat seinen guten Grund oder ist in uns selbst und in unserem Schicksal tief verwurzelt, selbst wenn es ein schreckliches Verbrechen ist.

Dass für Sadijes Tat ein Motiv fehlt, das allen sofort einleuchten könnte, beweist lediglich, dass Sadije so wenig wie irgendein anderer Mensch in ihrem Funktionieren und ihrem Versagen naturwissenschaftlich oder auch nur psychologisch vorgeführt und erklärt werden könnte. Es beweist, dass nicht immer alles offen zu Tage liegt, was Menschen bewegt. Ihr Leiden war lange Zeit in ihr verborgen und für andere unsichtbar. Selbst die Verzweiflung hat ihre Latenzzeit, bis sie explosiv, zerstörerisch nach aussen drängt.

Sadije war frei in ihrem Tun und zugleich eingezwungen in die Umstände ihrer Zeit, in ihr Schicksal und in dessen Fügung. Wie ich als Beobachter die dargestellte Tötung sehe, wie ich sie verstehe oder verwerfe, das ist meine Einschätzung und letztlich mein persönliches Problem, mit dieser rätselhaften und widersprüchlichen Geschichte umzugehen.

Mich empört das Juristenwort im gerichtlichen Urteil, das angebliche Töten ohne Grund. Als Jurist bin ich enttäuscht, dass es der Justiz nicht gelungen ist, den Grund eines kriminellen Geschehens auch nur annähernd aufzuspüren, ihn aufzuhellen und zu benennen. Denn ich bin überzeugt, dass es das Töten ohne Grund in der Realität ausserhalb der fiktiv-juristischen Begriffswelt und Spekulation nicht gibt. Nichts geschieht ohne Grund, auch wenn es schwer oder manchmal unmöglich sein mag, den Grund für Aussenstehende sichtbar zu machen und in klare Worte zu fassen. Was wortlos geschieht, ist noch lange nicht grundlos geschehen.

Gerade in solchen Situationen sollten wir uns den betroffenen Menschen aufmerksam und respektvoll zuwenden und versuchen, ihr Verhalten vor dem Hintergrund ihres ganz konkreten Lebens zu ergründen. Der Anlass, der zu einer Katastrophe führt, mag geringfügig sein. Der Funke, der eine Explosion auslöst, sagt nichts aus über das Gemisch, das explodiert. Befassen wir uns nicht nur mit dem Funken, sondern wenden wir uns den Gründen zu, die dazu führen, dass sich im Menschen oft während Jahren eine derart zerstörerische Energie zusammenballt!

Mein Ärger über das angeblich grundlose Tun oder über unsere Unfähigkeit, den tiefer liegenden Grund zu erkennen, schlägt in Resignation um, wie ich an das Plakat der Firma Sony denke, an dem ich heute Morgen vorbeigekommen bin, das den Oberkörper und die Hand einer Frau zeigt, die aus einem Eisenbahnzug lehnend dem Betrachter einen digitalen Foto-Apparat auf Augenhöhe entgegenstreckt. Die Bildunterschrift lautet prägnant und (un-)missverständlich: «Do not think, shoot»!

Ist am Ende die angeblich grundlose und somit sinnlose Tat der Frau aus dem Kosovo nur Ausdruck unseres Zeitgeistes, wie er uns in den Slogans in der Art des Sony-Plakates oder von «Just do it!» oder «Breaking the Rules» auf Schritt und Tritt entgegenkommt? Wir können es so sehen. Die Tat spiegelte eine nihilistische Gleichgültigkeit unserer Gesellschaft wider, die weite Felder unseres Bewusstseins überwuchert. Wir sind weniger gelassen und doch nicht solidarischer oder mitfühlender geworden.

Eine schlimme Gemeinsamkeit, ein Makel, zeichnet alle aus, die töten, so verschieden ihre Motive im Einzelnen auch sind. Was den Mörder aus Habsucht, den Auftragskiller mit dem staatlichen Henker verbindet, was der Soldat an der Front mit dem Mörder im Affektstau oder aus verletzter Ehre mit dem Teilnehmer an einem Völkermord gemeinsam hat, das ist die Abwesenheit des menschlichen Mitgefühls im Moment des Tötens. Im Fluchtpunkt dieser Abwesenheit, einer unmenschlich kalten Fühllosigkeit, fällt die wortlos vollzogene Brutalität, die kriminelle und versteckte Gewalt in eins zusammen mit der legalen Macht, über andere zu herrschen und über sie ein wortreiches und endgültiges Urteil zu fällen und es öffentlich vollstrecken zu lassen.

V. Mirlinda, Zeqirs Schwester

Es fiel mir schwer, mit der Schwester des Erschossenen Kontakt aufzunehmen, um sie kennen zu lernen. Aber ich musste die Stimme der anderen Seite, der Familie des Opfers hören. Erst wenn ich konfrontiert worden bin mit dem, was die Tötung an seelischen Leiden anrichtete, wird die Tat für mich wirklich und auch gefühlsmässig fassbar sein. Der Tod von Zeqir, den ich nicht kannte, war für mich bis dahin weitgehend eine abstrakte Tatsache ohne Gefühlswert.

Ich rief die Schwester des Getöteten an und sagte, ich wolle mit ihr über den gewaltsamen Tod ihres Bruders sprechen. Ich sei Publizist und habe von der tragischen Geschichte gehört, und ich wolle versuchen, darüber mehr zu erfahren, um sie besser zu verstehen.

Mirlinda sprach gebrochen Deutsch. Sie riet mir, ihren Mann anzurufen und diesem mein Anliegen zu schildern. Er würde sie dann informieren. Sie gab mir seine Handy-Nummer und fügte bei, sie werde ihn darüber orientieren, dass ich ihn anrufen werde. Ich folgte ihrem Rat, weil ich den Eindruck gewann, dass es nicht nur für eine Muselmanin unschicklich sein könnte, sich direkt mit einem ihr unbekannten Mann zu verabreden. Fehmi, ihr Ehemann, war sodann mit einer Besprechung nach seiner Arbeit einverstanden. Da Mirlinda jeden Tag bis 20 Uhr arbeitete, fragte er, ob wir uns auch an einem Samstag treffen könnten. So trafen wir uns am folgenden Samstag.

Mirlindas Wohnung liegt im Schnittpunkt des internationalen Autobahnkreuzes, welches das Industrie- und Hafenareal vom nordwestlichen Ende von Basels Wohnvierteln abgrenzt.

Als ich das Ehepaar an jenem eisig kalten und sonnigen Januarmorgen aufsuchte, hoffte ich in der Wohnung des anonymen, fünfgeschossigen Betonblockes die Bestätigung der Geschichte, wie ich sie bisher kennen gelernt hatte, zu finden. Für den Fall, dass Widersprüche auftauchen sollten, nahm ich mir vor, sofort nach Hinweisen auf die Wahrheit zu fahnden.

Was ich erwartete und wie ich reagieren wollte, war gewiss meiner «déformation professionelle» zuzuschreiben. Als Jurist liebte ich von jeher klare, eindeutige Fakten, Wahrheit oder Lüge, und wenn schon Lüge, dann selbstverständlich die entlarvte, die durchschaute und abgetötete Lüge. Ich hatte mir wenn nicht gerade Fangfragen, so doch eine Strategie bereitgelegt, um unauffällig überprüfen zu können, ob das Ehepaar ehrlich und glaubwürdig war. Ich würde zum Beispiel nicht sagen, dass ich Violetta gesprochen hatte, überhaupt würde ich von meinen bisherigen Gesprächen mit der Familie Ajazi nichts verlauten lassen und könnte dann vergleichen und mir überlegen, ob ihre Äusserungen plausibel wären.

Ich dachte auf dem Niveau der gerichtlich hergestellten Wahrheit und wurde von meinem Intellekt auf das hohe Ross des Urteilens hinauf katapultiert mit dem starren Stolz, den ich während einer jahrzehntealten Berufserfahrung als Prozessanwalt und Richter in mir angesammelt hatte. Ich hatte den Willen und die Überzeugung, die Wahrheit trotz widersprüchlichen Erklärungen der Zeitzeugen finden und die Diskrepanz ungleicher Erinnerung auflösen zu können.

Ich war nicht darauf gefasst, Zeqir zu begegnen, als mir die Türe geöffnet wurde. Ich betrat das etwas schmale, karg und sauber eingerichtete Zimmer mit dem schwarzen Sofa vor einem Glastisch. Dem Sofa gegenüber stand ein hohes naturfarbenes Buffet. Es reichte fast bis an die Decke. Über dem Polstermöbel hing eine grosse Fotografie eines fröhlich lachenden, jungen Mannes mit langen, schwarzen Haaren. Der Kopf und ein Stück des Oberkörpers. Es hätte ein Rockmusiker sein können. In der Vitrine gegenüber war eine Fotografie aufgestellt, die offensichtlich das Porträt desselben jungen Mannes wiedergab, diesmal mit ernster Mine, die man aufsetzt, wenn ein Porträt für einen amtlichen Ausweis oder eine Bewerbung erforderlich wird.

Aber nicht in diesen Bildern ist mir Zeqir begegnet, auch nicht etwas später, als mich seine Schwester Mirlinda und deren Ehemann Fehmi herzlich begrüssten. Mirlinda, eine hübsche junge Frau, sieht Zeqir in keiner Weise ähnlich. Zeqir ist mir begegnet im Schmerz und in der Trauer, die Mirlinda durchströmten, noch nach über viereinhalb Jahren, als sie wieder über ihren Bruder Zeqir sprach, vor allem als ihre Erinnerung seinen Tod berührte oder die Momente davor oder danach. Nicht der Wahrheit bin ich begegnet, sondern diesem starken Gefühl, das auch mich sofort gefangen nahm, als ich dessen Ausstrahlung in den Augen von Mirlinda, seiner drei Jahre älteren Schwester, begegnete.

Der Wirklichkeit und Wirkungskraft des Schmerzes und der Trauer um Zeqir, die in seiner Schwester noch immer lebendig sind, bin ich begegnet, einer Wahrheit, die ihren eigenen Gesetzen folgt.

Vielleicht ist dieses Gefühl der Trauer und des Schmerzes die Wahrheit von Mirlinda und Fehmi und der Familie des Getöteten. Und daneben ist die andere, die äussere Wahrheit unbegreiflich flach: Zeqir ist ohne Grund umgebracht worden. Das ist das schreckliche Wissen und die Überzeugung von Mirlinda und Fehmi, wahrscheinlich der ganzen Familie Ferizaj, die auch ihrer Haltung eine eigene Färbung gibt: Zeqir hatte keine Probleme, auch Ardita war kein Problem. Arditas Eltern, sie waren sein einziges Problem. Sie haben Zeqir abgelehnt. Sie haben ihn gehasst. Arditas Eltern und Vaxhide, deren älteste Tochter, waren gegen ihn. Valentina und Nazmi hingegen, die beide jünger sind als Ardita, haben ihn gern gehabt und haben ihn auf seinen Spaziergängen oft begleitet.

Wieso hassten Arditas Eltern Zeqir?

Sie waren gegen ihn. Er war zehn Jahre älter als Ardita.

Aber die beiden Familien haben doch alle miteinander die Hochzeit von Zeqir und Ardita gefeiert.

Ja, das war die traditionelle Feier nach albanischem Ritus mit über fünfzig Gästen. Zuerst treffen sich die Gäste in der Wohnung der Braut und führen diese in die Wohnung des Bräutigams. Die beiden haben nicht zivil geheiratet, weil Zeqir mit Violetta C. verheiratet war. Nein, keine Frau aus dem Kosovo, sie war Bernerin. Aber diese Ehe war nicht gut, und Zeqir lebte allein, als er Ardita kennen lernte.

Wer hat wen verlassen?

Violetta hat Zeqir verlassen. Ja, Arditas Eltern haben von Zeqirs Ehefrau in Bern gewusst, waren einverstanden.

Wieso das, wenn sie Zeqir doch hassten?

Wir wissen es nicht. Sadije ist immer gekommen und hat gesagt: Zeqir hat eine Frau in Deutschland, Zeqir hat noch eine andere Familie im Kosovo und so weiter, schlimme Unterstellungen.

Mirlinda muss zum ersten Mal im Verlaufe des Gesprächs gegen

Tränen ankämpfen. Fehmi kann besser deutsch sprechen als seine Frau. Daher antwortet er oder übersetzt meine Fragen. Oft prallen zuvor in einem Vorgespräch ihre Worte auf Albanisch aufeinander. Dabei gerät Mirlinda in heftige Emotionen und versucht mir direkt auf Deutsch zu antworten, findet indessen nicht immer die passenden Worte. Dann hilft Fehmi mir, besser zu verstehen. Am Gespräch nimmt er aktiv teil und bleibt die ganze Zeit über präsent und ruhig, auch seiner Frau gegenüber, wenngleich in ihrem Zwiegespräch viele Emotionen laut werden.

Die Familie Ajazi sei eine kriminelle Familie, erklärt er.

Wie ist das gemeint?

Schon im Kosovo.

Was haben die Ajazis dort gemacht?

Fehmi zögert: Schmuggel!

Womit haben die Ajazis geschmuggelt?

Keine Antwort.

Ich zähle zwei, drei Produkte auf, die am meisten geschmuggelt werden.

Fehmi bejaht und wirkt unbestimmt und unentschlossen. Fehmi fährt fast sachlich erklärend fort: «Arditas Mutter war im Puff.»

Mirlinda scheint das mit einem kleinen Redeschwall bestätigen, ja irgendwie verstärken zu wollen. Vielleicht kommt in diesem Ausbruch von Worten mehr ihre Abscheu vor der Mörderin ihres Bruders zum Ausdruck als ein konkreter Vorwurf gegen sie.

Wieder nimmt Fehmi den Faden des Gesprächs bei den Ajazis auf: «Jusuf und Sadije waren sich nicht einig, sie haben nicht zusammen gelebt.»

Sie hatten keine gemeinsame Wohnung?

«Ich weiss nicht, wie das gegen aussen war. Aber sie waren kein richtiges Paar. Jusuf hatte eine Freundin im Spital, eine Krankenschwester. Sein Restaurant ist in der Nähe dieses Spitals. Er hatte auch immer Mädchen aus dem Kosovo.»

Was haben die bei Jusuf gemacht?

«Sie arbeiteten im Restaurant, und Jusuf hat die Nächte dort mit ihnen verbracht. Es war eine problematische Familie, die Ajazis. Jusuf, der Vater, hat sich nicht um seine Familie gekümmert. Die Mutter war gewalttätig gegen Ardita. Das hat uns Ardita selbst erzählt. Sadije, die Mutter, hatte Ardita als kleines Mädchen auf einen Stuhl gebunden, als es nicht allein zu Hause bleiben und Sadije ausgehen wollte. Alle Ajazi-Kinder waren schon in Kinderheimen gewesen. Die Eltern haben Ardita abgelehnt, und sie haben ihre Kinder auch geschlagen.»

Und dann bringt Fehmi Unglaubliches vor, ohne dass durch irgendeine Veränderung seiner Stimme oder auch nur durch ein Zögern oder eine kleine Verschnaufpause dieser plötzlich aufbrechende Abgrund vorangekündigt worden wäre: «Die Mutter hat Zeqir erschossen, als sie wusste, Ardita ist in seinem Heimatdorf Mollopolc mit dessen Eltern und Brüdern zusammen. Sie hat Ardita deren Blutrache ausgeliefert.» Zum ersten Mal geschieht es, dass die betroffenen Personen mir gegenüber direkt auf die Blutrache zu sprechen kommen.

Ich bin sprachlos, staune, während Fehmi scheinbar ungerührt fortfährt: «Auch nachdem Zeqir erschossen worden war, wollte Ardita nicht bei ihrem Vater leben, sondern hat Mirlinda und mich gefragt, ob sie nicht bei uns wohnen könnte. Aber wir hatten keinen Platz für sie in der kleinen Wohnung mit unseren eigenen zwei Kindern. So hat denn Ardita im Frauenhaus Zuflucht gesucht.»

Mirlinda fügt an, sie habe dreihundert und dann nochmals hundert Franken dorthin gebracht, damit Ardita im Frauenhaus bleiben konnte.

Ich will wissen, wieso überhaupt Ardita an jenem verhängnisvollen Tag, als Zeqir umgebracht wurde, bei Zeqirs Eltern war. Fehmi erklärt, dass Zeqir kurz zuvor einen Autounfall erlitten hatte und daher für eine Woche zur Kur nach Bellikon ins Rehabilitationszentrum der SUVA gehen musste. Ardita wollte nicht allein zu Hause bleiben und auch nicht zu ihren Eltern zurück. Sie hätte den Wunsch gehabt, diese Zeit im Kosovo zu verbringen, und Zeqir habe diesem Wunsch entsprochen. Als Mirlinda am frühen Nachmittag ihren Eltern meldete, dass Zeqir von Arditas Mutter erschossen worden sei, sei Ardita im Garten gewesen.

Ardita habe einen Angstanfall erlitten, und ein Bruder hätte sie zu den Swisscoys, den Schweizer Soldaten der KFOR-Truppen, gebracht. Dort sei sie von der Militärpolizei abgeholt worden.

Ich frage Mirlinda, wie sie die Nachricht vom Tod ihres Bruders vernommen habe. Sie sei zur Mittagszeit nach Hause gekommen. Sie hätte ein unbestimmtes, schweres Gefühl in sich gehabt und habe grundlos geweint. Eine Arbeitskollegin habe sie gefragt, was passiert sei. Und da habe sie noch sagen können, nichts sei passiert, sie fühle sich lediglich deprimiert und sehr müde. Kurz darauf sei ihre Nachbarin herbeigerannt und habe ihr gesagt, Zeqir sei auf offener Strasse erschossen worden. Sie war schneller als die Polizei informiert. Zufällig war nämlich ein Bäcker zur Zeit, als es passierte, damit beschäftigt, seine Brote in der Jägerstrasse auszutragen. Er erkannte im Gewimmel der Polizisten und der Menschen, die sich dort gegenüber Zeqirs Wohnung auf dem schmalen Trottoir zu einer dichten Menge angesammelt hatten, das Auto von Zeqir und dann diesen selbst.

Der Bäcker war der Onkel ihrer Nachbarin, die Mirlinda die

Botschaft überbrachte. Mirlinda weint und bemüht sich, weiterzuerzählen. Sie sei dann losgerannt und habe das Auto gesehen und dann die Polizisten, die Schulter an Schulter einen Cordon um den Tatort herum gebildet hätten. Da habe die Polizei sie gefasst und zurückgehalten und ihr die ganze Zeit verwehrt, zu ihrem Bruder zu gehen. Sie hätten ihr gesagt, Sadije Ajazi hätte Zeqir erschossen, und es sei nicht gut für sie, ihn jetzt in diesem Zustand zu sehen.

Mirlinda kann nicht mehr weitersprechen. Fehmi erklärt mir, dass es für Muslime nach dem Tod eine rituelle Waschung des Leichnams durch die Angehörigen gebe, und das sei ihnen verweigert worden. Erst über eine Woche später konnte Mirlinda mit ihm zusammen diese letzte Pflicht ihrem Bruder gegenüber erfüllen. Mirlinda wiederholt mit tränenerstickter Stimme ihren Wunsch, den sie damals geäussert hatte: «Ich wollte seine Kleider, die er an jenem Tag getragen hatte. Aber ich habe sie nie bekommen. Die haben sie weggeworfen.»

Zeqir sei jetzt in seinem Heimatdorf in Mollopolc begraben, unweit von Fehmis Dorf, in dem er aufgewachsen war. Sie hätten sich von jung auf gekannt. Durch Zeqir hätte er später auch Mirlinda, seine jetzige Frau, mit der er über zehn Jahre verheiratet ist, kennen gelernt.

Latif, Zeqirs älterer Bruder, Zeqir und dann er selbst zusammen mit Mirlinda seien Mitte der Neunzigerjahre, als sich die innenpolitische und wirtschaftliche Lage im Kosovo dramatisch zuspitzte, kurz nacheinander in die Schweiz geflüchtet.

Zeqir hätte in Vucitern die Polizeischule besucht, sie dann aber wegen des bevorstehenden Krieges abgebrochen. In der Schweiz habe er als Zimmermann gearbeitet. Er sei ein fröhlicher Mensch mit ernsthaftem Charakter gewesen, mit vielen Freunden, vor allem auch in Bern, darunter wären nicht nur Männer aus dem Kosovo, sondern auch Spanier und ein Schweizer gewesen. Sie alle hätten Zeqir gemocht. Als er starb, hätten Nachbarn für ihn Geld gesammelt, um ihm Blumen für sein Grab zu spenden. Noch heute werde er immer wieder darauf angesprochen, wie das nur zu erklären wäre, dass Zeqir, der stets freundliche Mann, ein solch schreckliches Ende nehmen musste.

Ob er wisse, dass Ardita von Zeqir geschlagen worden war, frage ich.

Nein, niemals! Die beiden seien sehr glücklich miteinander gewesen. Ardita habe auch gegenüber der Polizei in ihrer ersten Einvernahme sich in keiner Weise über Zeqir beschwert und ihn erst belastet, als sie wieder in den Einflussbereich ihres Vater zurückgekehrt war.

Ich frage Fehmi, ob er am Prozess gegen Sadije teilgenommen habe.

Er bejaht das. Kein Wort darüber, dass die Öffentlichkeit vom Gericht bis auf den Ehemann und die Vertreter der Presse ausgeschlossen war, und zwar vom zweiten Verhandlungstag an. Dieser Ausschluss erfolgte auf Antrag des «Platondienstes der Polizei, der während der Verhandlung im Gerichtssaal ein Hin- und Herwandern von Täschchen bemerkte und befürchtete, es könne eine Waffe via Gitterzaun in den Gerichtssaal gelangen», hält der Text des Strafurteils sprachlich etwas unglücklich formuliert fest.

Da Familienangehörige sowohl des Opfers wie auch der Täterin anwesend waren, herrschte im Gerichtssaal ein gespanntes Klima. Mirlinda und Latif wurde erlaubt, ihrer Betroffenheit über den Tod ihres Bruders «im Sinne einer Verarbeitung der Geschehnisse Ausdruck zu verleihen». Das Urteil hält fest, dass «diesem Wunsch unter

Hinweis darauf, sich kurz zu fassen und sich auf den Zusammenhang mit der geltend gemachten Genugtuungsforderung zu beschränken, entsprochen werden konnte» und verrät damit wenig Sensibilität der Richter gegenüber dem durch das Verbrechen verursachten menschlichen Leid.

Ich kann es mir nicht verkneifen, die Testfrage zu stellen, ausgerechnet ihr, dem Opfer der Untat: Haben Sie selbst festgestellt oder gewusst, dass Zeqir gegenüber Violetta gewalttätig gewesen war?

Nein.

Ich insistiere: «Violetta hat im Eheschutzverfahren vor Gericht ausgesagt, dass sie nach schwerer Misshandlung ins Frauenhaus geflüchtet war. Deshalb ist es zwischen ihnen zur Trennung gekommen.»

Das hätten sie nicht mitbekommen, bemerkt Fehmi leiser werdend.

Ich forsche weiter: «Haben Sie je bemerkt, dass Ardita isoliert worden ist, dass sie in ihrer Wohnung in der Abwesenheit von Zeqir eingeschlossen worden ist?»

Mirlinda widerspricht heftig. Nein, Ardita habe sich frei bewegen können.

Ob sie Ardita je einmal allein – ohne Zeqir – getroffen oder angetroffen habe, frage ich Mirlinda.

Immer wieder sei sie in Arditas Wohnung oder – noch häufiger – sei Ardita bei ihr zu Hause auf Besuch gewesen, weil sie die beiden oft zum Essen eingeladen habe. Sie habe begriffen, dass Ardita als junge Frau noch nicht so grosse Lust verspürt habe, die Küche zu besorgen. Fast täglich seien sie zusammen gewesen, nicht nur abends, auch zu anderen Zeiten. Immer wieder habe es sich ergeben, das Ardita allein, ohne Zeqir mit ihr zusammen gewesen sei.

Selbstverständlich seien sie oft auch zusammen im Ausgang gewesen.

Die Geschichte, so wie ich sie bisher verstanden habe, bekommt Risse. Und das gleichzeitig an mehreren Orten. Aus kleinen Fadenrissen, aus Auslassungen und Stilbrüchen in der Schilderung des Geschehens, die mir zuerst, als die Ajazis erzählten, kaum aufgefallen waren, sind plötzlich fundamentale Risse in meinem Verstehen, Erkennen und Begreifen geworden. Die fehlende Frage des Vaters an seine Frau Sadije, was mit Ardita geschehen war, wo sie sich aufhielt, nachdem Sadije ihm mitgeteilt hatte, dass sie Zeqir getötet hätte, war mir bereits damals aufgefallen und hatte mich beschäftigt.

Nachträglich scheint mir dieses Schweigen nur dann verständlich, wenn ich in Sadije den patriarchalischen Vollstrecker der Familienehre sehe. Sie kommt mir nachträglich vor wie ein Transvestit in den anspruchslosen, unauffälligen Kleidern einer Arbeiter- und Hausfrau. Wäre es in ihrer Geschichte am Ende um mehr und anderes gegangen als um die Sicherheit und Unversehrtheit ihrer Tochter? Stand allem voran die Ehre ihrer Familie auf dem Spiel? Ging es um die Durchsetzung ihres Entschlusses, die Familienehre wieder herzustellen, die Zeqir verletzt hatte, indem er vortäuschte, ihre Tochter zu heiraten? War ihr diese Verletzung unerträglich geworden, nachdem sich Zeqir beharrlich geweigert hatte, auf seinen «ehrlosen Besitz» ihrer Tochter zu verzichten?

Den Abend vor Sadijes Tat haben Mirlinda und ihr Mann mir gegenüber anders dargestellt, als die Ajazis es getan hatten. Anstatt Sadije mit seiner Schusswaffe zu bedrohen, sass er nach deren Erzählung zu dieser Zeit friedlich im Kreise ihrer Familie, mit seinen kleinen Neffen auf den Armen. Jetzt frage ich mich, ob die beängstigend konkret und unerbittlich konsequent bis an die Grenze des Verfolgungswahns geschilderte «Isolationshaft» von Ardita in ihrer Wohnung nicht weitgehend ihrem späteren Willen entsprungen sein könnte, sich wieder an die Seite ihrer Familie zu stellen, dem einzigen, ihr verbleibenden Schutz. Oder war Ardita tatsächlich isoliert und von Zeqir der ausschliesslichen Schutz- und Schirmherrschaft von Mirlindas Familie übergeben worden?

Das könnte erklären, wieso Mirlinda in guten Treuen sagen konnte, Ardita sei bei ihnen frei und unbewacht ein- und ausgegangen. Arditas Freiheit wäre dann einzig auf das Revier ihrer Schwägerin begrenzt gewesen. Ging es am Ende doch um territoriale Besitzansprüche der beiden Familien ihren «Angehörigen» gegenüber?

Schlagartig wurde mir klar, dass diese Erschütterung der «Wahrheit», die von allen Seiten ausging, unabwendbar war. Wie konnte ich erwarten, im Resonanzraum des geschwisterlichen Schmerzes von Mirlinda die Bestätigung zu erhalten für das düstere Bild, das die Ajazis von Zeqir entworfen haben und wahrscheinlich auch in sich tragen? Was müsste Mirlinda für ein Mensch sein, wenn sie sagen könnte: «Ja, der Zeqir war mir lieb, aber er hat Ardita geschlagen, ich habe das selbst gesehen, schon Violetta hatte er vor meinen Augen geschlagen. Und auch Ardita musste ich hin und wieder trösten, weil er sie misshandelt hatte.»

Ist solche «Objektivität» bei einer Frau möglich, die sich in der Lebenssituation von Mirlinda befindet, die ihren Bruder geliebt hat und an seinem Tod leidet? Bevor Zeqir mit Ardita in eine eigene Wohnung einzog, hatte er mit seiner Schwester Mirlinda zusammen gelebt. Sollte sie einen Toten, der einen frühen, gewaltsamen, einen nicht zu rechtfertigenden Tod gestorben ist, vor mir, einem Fremden, «objektiv» schildern? Würde sie so etwas überhaupt tun können? Wäre das etwas anderes, als ihn schlecht machen, Schlechtes ihm nachzusagen, ihm, der sich nie mehr wird rechtfertigen oder seine Geschichte auch nur wird erzählen können? Könnte eine Schwester, die mit ihrem Bruder innerlich verbunden ist, Empfindungen der objektiven Distanz ihm gegenüber in sich überhaupt zulassen?

Aus den Gerichtsakten weiss ich, dass Mirlinda, die sich zusammen mit ihrem Bruder Latif am Prozess als Opfer beteiligte, ins Spital eingeliefert werden musste, nachdem sie die Nachricht von Zeqirs Tod erhalten hatte. Sie war mit ihrem Bruder innerlich stark verbunden. Ist es nicht normal, eventuell sogar für die Vernarbung der Wunde des Schmerzes notwendig, die Erinnerung an den guten, lieben und geliebten Bruder wie eine Illusion aufrechtzuerhalten? Ich kann mir zwar vorstellen, dass sie leichter über seinen gewaltsamen Tod hinwegkäme, wenn sie den Grund sähe, der zu diesem Ende hinführte. Sie könnte dann in seinem Tod das ihm vom Schicksal zugedachte, das ihm eigene Ende erkennen.

Aber ist es überhaupt vorstellbar, dass sie die Tötung ihres Bruders als Werk oder Ausdruck einer irgendwie ausgleichenden Gerechtigkeit erkennen könnte? Und wer kann ermessen, wie schmerzhaft und lang der Weg ist, der zu solcher Erkenntnis, Wahrheit und persönlicher Läuterung führen könnte?

Als neutralem Beobachter, als Nicht-Betroffenem, kommen mir viele hilfreiche Gedanken des Verstehens und der Versöhnung. Aber sie taugen nichts, weil ihnen der unmittelbare Bezug fehlt zu den Bedrängnissen und den aus ihnen hervorquellenden Gefühlen, denen die vom Leid Betroffenen fortwährend ausgesetzt sind, und weil ihnen zudem die Bewährung im verfinsterten Alltag, der sich jedem Drama unerbittlich anschliesst, mangelt.

Und sieht für die Familie Ajazi die Situation in diesem Drama nicht ähnlich aus, nur dass sich ihnen alles spiegelbildlich verkehrt darbietet? Sie wurden von Zeqir bedroht, Ardita wurde von ihm brutal behandelt, Zeqir war der Grund, dass Ardita ihren Eltern nichts mehr nachfragte und sie nie mehr aufsuchte, seit sie sich ihm gänzlich anvertraut hatte.

Und war die Gesprächssituation zwischen mir und den Ajazis nicht spiegelbildlich gleich jener zwischen mir und Mirlinda? Konnte ich erwarten, dass Ardita mir gegenüber noch Jahre später jenen Zorn und Trotz zum Ausdruck bringen könnte, die sie ihren Eltern gegenüber damals empfand, bevor die Katastrophe sich ereignete, oder vielleicht noch kurze Zeit danach? Hatte sie all das, was ihre Eltern ihr früher, als sie noch ein Kind war, angetan oder durch ihr Anderswo-Sein ihr an notwendiger Zuwendung und Liebe vorenthalten hatten, nicht inzwischen tief und fest in ihrem Herzen vor sich und der Welt verschlossen?

So hat jede der beiden Familien und sogar jedes ihrer Mitglieder in diesem Drama eine ganz eigene Geschichte, die nur in den Grenzlinien der nackten Tatsachen mit den Geschichten der anderen übereinstimmt. Und die Geschichten sind nur durch eine gemeinsame Grenze, eine meist juristisch verlaufende Demarkation miteinander verbunden, durch eine gegenseitige und spiegelbildliche Abgrenzung und Ausgrenzung zwischen Eigenem und Fremdem, zwischen innen und aussen, zwischen Schutz und Gefahr, Angst und Angriff, Friede und Fehde. Darüber hinaus gehören die Erzählungen verschiedenen und miteinander unvereinbaren Territorien des Erlebens und Erleidens an.

Gegen den Schluss meines Gespräches mit Mirlinda und Fehmi stelle ich die Frage, ob die Katastrophe voraussehbar gewesen wäre, ob sie sich irgendwie angekündigt hätte. Fehmi betont, dass Zeqir ein umsichtiger und intelligenter Mensch war: «Wenn er es nicht zulassen wollte, konnte ihm niemand etwas anhaben. Er war Psychologe, er durchschaute mit sicherem Blick Lug und Trug und wusste sich zu wehren. Vergiss nicht, er hat die Polizeischule besucht. Zwei seiner Brüder sind Lehrer geworden. Er ist aus guter Familie.»

«Ja, aber wieso hat er die Gefahr, die von Sadije, Arditas Mutter, für ihn ausging, nicht erkannt? Gab es keine Anzeichen?»

«Doch, die gab es. Alles hat sich innerhalb einer Woche zugespitzt. Sadije ist innerhalb kurzer Zeit zwei- oder dreimal bei Mirlinda und mir gewesen, früher hatten wir kaum mit ihr Kontakt gehabt.»

Etwa vier Tage bevor es passierte, suchte Sadije Mirlinda auf, um mit ihr Kaffee zu trinken. Sie sagte, sie müsse unbedingt Ardita sehen. Deren Kameradinnen verlangten, sie wiederzusehen und möchten mit ihr Discos besuchen, sagte die Mutter. Sie war unzufrieden und fordernd. «Sie ist keine aufbrausende Frau, sie ist unheimlich, teuflisch, aber sie ist keine, die herumschreit», erklärt Fehmi. Mirlinda fügt bei, dass ihr Sadijes Besuch etwas ungelegen gekommen war, weil ihr Sohn unter starker Bronchitis litt und sie nervlich sehr angespannt war. Sie habe dennoch zugesagt. Nachträglich sei ihr klar geworden, dass Sadije während ihres Besuches damals wie auch an den beiden folgenden, immer ihre Tasche festgehalten, sie eigentlich gehütet habe, vor allem vor den spielenden Kindern. Heute weiss Mirlinda, warum sie das getan hat.

Am anderen Tag war Mirlinda in Zeqirs und Arditas Wohnung auf Besuch, als Sadije anrief und sagte, wenn sie Ardita jetzt nicht sehen könne, werde sie Zeqir erschiessen. Zeqir verabredete sich mit Jusuf noch am gleichen Abend in dessen Restaurant. Bevor er wegging, habe er noch zu seiner Schwester gesagt: «Ich weiss nicht, was die von mir wollen.»

Dann sei Arif zusammen mit Ardita in Jusufs Restaurant gefahren. Mirlinda habe unterdessen in Zeqirs Wohnung auf die Rückkehr des Paares gewartet. Im Restaurant habe Jusuf zu ihm gesagt, Ardita müsse da bleiben, weil sie im Restaurant dringend als Arbeitskraft benötigt werde. Zeqir widersprach. Er wollte nicht, dass seine Frau in einem Restaurant, wo jeder sie berühren konnte, arbeitete. Er sagte, sie beide würden helfen, aber nicht Ardita allein. Jusuf sei ausfällig geworden und habe gesagt: «Ich kann dich jetzt umbringen und Ardita zu mir nehmen.» Da habe sich Zeqir vor Ardita hingestellt, die Arme ausgebreitet und gesagt: «Du kannst schiessen, los! Jusuf, schiess!» Er habe Ardita vor ihrem Vater gefragt, ob sie hier bleiben oder mit ihm zurückkehren wolle. Da habe Ardita gesagt: «Zeqir, lass mich nicht bei meinen Eltern zurück, nimm mich wieder mit!» Und Zeqir habe sie wieder heimgebracht. Zu Hause sei er ganz aufgewühlt und «durcheinander» gewesen.

Doch, Zeqir habe Angst gehabt, erklärte Fehmi auf meine Frage, die in diese Richtung wies. Er wollte sogar die Polizei einschalten. Da habe sie, Mirlinda, ihm davon abgeraten und ihm zu bedenken gegeben, dass es immer neue, unvorhergesehene Probleme gebe, wenn die Polizei hineingezogen werde. Deshalb habe Zeqir in jener Nacht und offenbar auch anderentags davon abgesehen, die Polizei beizuziehen.

Nach diesem wüsten Auftritt und nachdem Sadije und Jusuf dem Zeqir mit Erschiessen gedroht hätten, habe der ältere Bruder Latif den Brautzeugen aufgesucht, und es sei sofort, noch am gleichen Abend, ein Versöhnungsgespräch in einem anderen Restaurant vereinbart worden.

An diesem Gespräch hätten ausser dem jungen Paar Jusuf, Latif und der Brautzeuge teilgenommen. Jusuf habe sich versöhnlich gezeigt und die ganze Sache als harmlos heruntergespielt und sich von seiner Drohung distanziert und sein aggressives Verhalten seinem beachtlichen Alkoholpegel zugeschrieben.

Der Brautzeuge sei anschliessend in guter Laune zu Mirlinda und Fehmi gekommen und habe eine allgemeine Entwarnung durchgegeben. Er habe sogar seinen Kopf gewettet, dass die Sache wieder in Ordnung sei und Zeqir und damit auch sie selbst von den Ajazis nichts mehr zu befürchten hätten.

Am folgenden Nachmittag sei auf Sadijes drängenden Wunsch ganz kurzfristig, wiederum noch auf denselben Abend eine Besprechung bei Mirlinda angesetzt worden. Das sei am Vorabend, bevor es passierte, gewesen. Ardita und Zeqir waren zur Zeit, als Sadije anrief und das Gespräch verlangte, gerade in Sissach beim Einkaufen. Zeqir habe Mirlinda gesagt, er komme gleich. Aber es habe dann doch über eine Stunde gedauert, bis sie zurück waren. Er war in einen Stau geraten. Sadije war deshalb als Erste bei Mirlinda eingetroffen, und beide warteten auf die Ankunft von Zeqir und Ardita. Vorher ist jedoch Fehmi heimgekommen. Und da sei etwas Merkwürdiges passiert.

Sadije sei plötzlich unruhig geworden und habe gesagt, sie habe jetzt keine Zeit mehr zu warten, sie wolle ein anderes Mal mit Zeqir sprechen. Kurz darauf habe sie sich abrupt verabschiedet und sei ohne erkennbaren Grund von ihnen weggegangen.

Etwa eine Viertelstunde später seien Zeqir und Ardita vom Einkauf zurückgekehrt. Sie seien dann zusammen mit den Kindern noch bis tief in die Nacht hinein zusammengeblieben. Zeqir habe ihren Kleinen auf seinen Arm genommen und ihn getröstet, als dieser weinte. Sie habe ihm nämlich nicht versprechen können, ihm einen neuen Pullover zu kaufen, den er unbedingt haben wollte. Da habe Zeqir ihr Kind in seinen Armen gewiegt und dazu gesungen: «Morgen kauf ich dem kleinen Stinki-Winki neue Kleider! Schöne, neue Kleider für den lieben Stinki-Winki.»

Mirlinda schiessen Tränen in die Augen. «Zeqir kam nicht mehr dazu. Vorher war er tot, erschossen.» Sie klagt die Gesetze und die Psychiater in der Schweiz an. Sadije sei schon wieder in Freiheit, habe sie gehört. «Da kommt ein Psychiater und sagt, die kann nichts dafür, und schon lässt man sie laufen!», ruft Mirlinda aus und verstummt für einige Augenblicke.

Nach einer kleinen Pause frage ich Mirlinda, welche Strafe ihrer Meinung nach gerechter gewesen wäre. «Jedenfalls keine Strafe unter 15 Jahren! So wäre das bei uns im Kosovo», sagt sie verbittert. Ich entgegne, meiner Überzeugung nach helfen Strafen niemandem und nützen nichts. Fehmi stimmt mir zu.

«Doch!», seufzt Mirlinda, «die Menschen würden sich zweimal überlegen, so etwas zu tun, wenn sie wüssten, sie müssen deswegen so lange ins Gefängnis. Aber wenn man jeden erschiessen kann und das nichts macht, dann ist das schlecht.» Ich sage leise, dass Ardita sehr schwer krank sei und die ganze Familie unter den Folgen der schrecklichen Tat zu leiden habe. Da ruft Mirlinda voll Inbrunst: «Das ist die Gerechtigkeit Gottes!»

«Das mag so sein», sage ich kleinlaut und füge sofort bei: «Ardita ist unschuldig, sie kann nichts dafür.»

«Ja, sie ist unschuldig», sagen auch Mirlinda und Fehmi wie aus einem Mund.

Ich verabschiede mich von Mirlinda und Fehmi und trete wieder in die kalte Winterluft hinaus. Die Sonne hält sich wieder versteckt, der Wind bläst kalt durch die Strassen. Ich muss an Sadije denken, die irgendwo in Pristina versteckt auf die Hilfe ihrer Familie in der Schweiz hofft, sie erfleht und selbst vom Gastland Schweiz Verständnis für ihre Situation wie selbstverständlich einfordert. Jeder ist darauf angewiesen, Hilfe zu empfangen und selbst zu helfen. Aber von wo kann jetzt für Sadije noch Hilfe kommen?

Plötzlich spüre ich auf meinem Gesicht zarte und kalte Berührungen. Schneeflocken umtanzen mich von allen Seiten. Ich gehe auf der Strasse mit den der Fassade vorgehängten Betonbalkonen weiter Richtung Rhein. Der Himmel hat sich verfinstert. So viele Flocken auch fallen, keine bleibt auf dem geteerten Boden liegen. Auf der Erde, dem Humus, wird der Schnee weiss liegen bleiben. Aber hier gibt es weit und breit keinen Grund, nicht einmal kleine Vorgärten. Alles in dieser Stadtgegend ist vollständig asphaltiert.

Meine Gedanken folgen meinem Blick nach unten. Sadije ahnt wohl kaum und würde es nicht glauben, dass sie höchstens von den Toten, vielleicht sogar nur von einem einzigen Toten und dessen nächsten Angehörigen Trost empfangen könnte. Sie wird in Schuld und Dunkelheit gefangen in der Düsternis ihres Verstecks in Pristina verharren bis sie den Trost jener erbitten kann, die selbst im Dunkel des Hassens und des Vergessens noch nicht verlernt haben, Schuld zu vergeben.

Auch Mirlinda wird erst geheilt werden, wenn sie Sadije vergeben kann, so unmöglich wie das auch erscheinen mag. Und sie würde auch nicht glauben, dass weder eine härtere Strafe noch Rache ihre Wunde heilen könnten, sondern nur ihre eigene Geste des Verzeihens am Ende des langen Weges, der über die öden Felder von Trauer, Schmerz und Hass führt. Den ersten Schritt zum Verzeihen könnte Mirlinda, die Verletzte, tun. Ob dies geschehen wird? Und wie viele Jahre des Schmerzes und der Trauer bräuchte es, damit ihr Wunsch zu verzeihen in ihr reifen könnte gleich einer Heilkraft, die sie von schwerer Krankheit erlösen wird? Wer verzeihen kann, erlöst sich selbst von schwerer Last. Wäre es möglich, dass Sadije sie um Verzeihung bittet? Welch eine Anmassung das wäre!

Nach meiner Begegnung mit Mirlinda frage ich mich, ob ich ihre Gefühle der Trauer und auch des Zornes nicht dadurch verletzt und missachtet habe, dass ich mich in meinen früheren Gesprächen mit Angehörigen der Familie Ajazi intensiv bemühte, die Gründe zu erforschen, wieso Zeqir sterben musste. Wenn ich nach Gründen suche, wieso etwas geschehen ist, arbeite ich dann nicht bewusst oder unbewusst daran, etwas nicht nur zu verstehen, sondern auch zu rechtfertigen oder irgendwie zu entschuldigen? Denn was ich nicht verstehe, kann ich unmöglich rechtfertigen oder verzeihen.

Aber wenn ich etwas verstehe, könnte ich bereits dazu neigen, es im Ansatz anzunehmen. Ich habe nur Kontakt zu dem, was ich begreife. Sollte ich mich nicht besser mit der gerichtlichen Wahrheit begnügen, weil meine Weigerung, eine abscheuliche Tat wie die Tötung eines Menschen zu verstehen, mir die nötige innere Distanz zum Verbrechen und zum Verbrecher sichert? Und doch kann mich nichts davon abhalten zu versuchen, den Gründen nachzugehen und die Wurzeln des Bösen auszugraben, auch wenn der Befund nichts Tröstliches an sich haben könnte. Und diese Suche nach dem Wieso und dem Warum wird wohl auch die Familie Ferizaj umtreiben. Es ist die Frage nach dem Sinn und der Gerechtigkeit, die sich am unerbittlichsten gerade dann stellt, wenn gewaltsamer Tod und Zerstörung in unsere Welt einbrechen. Diese Frage lässt niemanden los, obwohl und vielleicht gerade weil es keine Antwort auf sie gibt.

Wenn ich an meine Recherchen zurückdenke und mir die dabei

aufkommenden Gefühle und Gedanken vergegenwärtige, ist es mir, als wäre ich auf der Suche nach dem Grund und den Wurzeln dieser Geschichte – so schwer verständlich sie mir auch erschienen ist – doch nur mir selbst begegnet, meinem eigenen inneren Abgrund und Hang, den ausgetretenen Pfaden unserer Gesetze, Rechte und Gewohnheiten zu folgen. Ja, sie pflanzen sich fort von Generation zu Generation wie eine ewige Krankheit. Das friedlich lächelnde Gesicht des unbeschwerten Lebens entschwindet, und sein Lächeln scheint nie wiederzukehren. Wann wird Ardita wieder lächeln wie auf dem Foto, auf Zeqirs Schenkel sitzend, mit dem Anflug von Traurigkeit um ihre Augen?

In Mirlindas Schmerz über den Tod ihres Bruders und in dessen Fehlen bin ich ihrem Bild von Zeqir begegnet, das sie in sich trägt. Ihre Worte haben ihren Bruder wieder gegenwärtig werden lassen. Ihre Erinnerung hat ihn wieder lebendig und liebenswert gemacht, während die Worte der anderen, die seinen Tod zu rechtfertigen haben, sein Leben und seinen Tod schwer und unerträglich machten wie die Erde und die Zeit, die sich über seinem frühen Grab ausbreiten.

Ich wende mich dem Mitgefühl zu, das ich in mir spüre und das mich mit den Menschen dieser Geschichte verbindet und das ich allen voran gegenüber Zeqir empfinde, der so jung und gewaltsam sterben musste. Dieses Mitgefühl verbindet mich mit seinen Angehörigen, seiner Schwester Mirlinda, deren Schmerz und Trauer ich gespürt habe, wie auch mit Zeqirs Eltern und seinen sechs andern Geschwistern, denen ich nie begegnet bin. Es ist das gleiche Gefühl, das mich mit Ardita verbindet, die durch ihre Liebe für ihn und durch ihre Sehnsucht nach der grossen Liebe alles ins Rollen gebracht hatte. Es verbindet mich auch mit Violetta, die unter Zeqir litt. Und dieses

Gefühl verbindet mich – wenn auch widerstrebend – mit Sadije, obwohl weder ich noch sonst jemand ihren Entschluss zu töten gutheissen kann. Dieses Mitgefühl verbindet mich eng mit Jusuf, der für seine Familie gekämpft hat mit den Mitteln des Vaters und des Rechts, auch wenn er Fehler begangen haben mag und vieles im Dunkeln und Unausgesprochenen verborgen geblieben ist.

Ich urteile nicht, ja ich ergreife nicht Partei. Immer klarer erkenne ich: Solange wir im Griff von Gut und Böse gefangen sind, solange wir uns auf die eine oder ande

re Seite der Streitenden schlagen, werden wir von der gleichen Grundwelle überspült werden und in ihr untergehen. Erst wenn wir uns vertrauensvoll vorwagen in die Unsicherheit des Lebens und uns mit allen Menschen solidarisch fühlen und danach handeln, werden unsere Wunden geheilt werden, wird der Mensch des Menschen Freund sein können. Solange wir die Sprache der Bürokratie sprechen und der Amtssprache des Rechts vertrauen, verstellen die Begriffe, das Abstrakte und Ideologische unsere Sicht auf die stumm leidenden Frauen dieser Geschichte und auf das unaufhaltsame Fliessen des Lebens.

Wir, die wir nicht in das Netzwerk dieser unheilvollen Geschichte verwoben sind, können diese Solidarität mit allen empfinden. Aber können wir sie auch leben? Ist der Ausdruck unseres Mitgefühls mehr als eine Phrase und ein Gefühlsausdruck für Politiker, welche mit fremdem Unglück konfrontiert werden und sich noch auf der Unfallstelle der «political correctness» wegen öffentlich erklären müssen? Wer Partei ist, wer entweder der Familie des Opfers oder jener der Täterin angehört, kann nicht zu diesem umfassenden Gefühl der Solidarität zurückkehren. Wir, die Aussenstehenden, sehen das Leiden und die Schuld hüben und drüben. Wir wünschen Versöhnung herzustellen. Es wäre unnütz und kurzsichtig, uns auf die eine oder andere Seite zu schlagen, so wie wir uns in einer Wette für die eine oder andere Sache entscheiden, um unseren Sportsgeist und unsere Gabe der Prophezeiung oder auch nur unseren Verstand oder unser Glück unter Beweis zu stellen. Es geht um mehr als um Recht haben, gewinnen und richten und Schuld verteilen. Wir alle stehen auf dem Spiel! Unsere ganze, ungeteilte Achtsamkeit sollte deshalb den Bedürfnissen, Ängsten und Hoffnungen gehören, die in uns allen schlummern und nur darauf warten, beim geringsten Anstoss aufzukeimen, um Leben, aber auch – viel zu oft – Verletzung oder sogar Tod zu bringen. Unablässig und jeden Tag aufs Neue sollten wir uns berühren lassen von den Kräften und Gefühlen, die in jedem von uns hausen, uns ihnen zuwenden, sie immer wieder neu erleben und erkennen. Das bedeutet Freude und Schmerz. Wir müssen all unser Lachen lachen und all unsere Tränen weinen. Tun wir das nicht, verzichten wir auf unsere Gefühle, verdrängen wir sie, dann werden wir unfähig zu trauern, werden wir hart und todessüchtig. Wir verlegen uns auf das Verurteilen. Dann verbreiten wir über das bereits aufkeimende Unheil, für das wir nicht verantwortlich sind und gegen das wir nie ankommen werden, neu die Saat der Angst und der Gewalt und tun dies mutwillig und unnützerweise und tragen dafür die Verantwortung für alle Folgen. Wir sind nicht in der Lage, den beiden Familien in dieser Geschichte konkret zu helfen. Vielleicht empfinden wir es als unser Glück, vom Handeln durch die Umstände und die Unmöglichkeit zu helfen, dispensiert zu sein.

Aber wenn wir die Welt um uns herum mit unserer ungeteilten und vorbehaltlosen Aufmerksamkeit anschauen, wenn wir achtsam unser Tun und die Wirkungen, die davon ausgehen, betrachten, dann dürfen wir hoffen, den dritten Weg zu entdecken, der zwischen dem archaischen Gesetz der Rache mit seiner breiten Blutspur und dem staatlichen Gesetz mit seinen unermesslichen Scharen von Opfern und Schlachtfeldern hindurchführt. Es gilt zwischen den ausgetretenen Pfaden von Recht, Strafe und Rache den kaum eingezeichneten Weg des Verstehens und der Barmherzigkeit zu entdecken. Dieser menschenfreundlichen Spur, die wir plötzlich und deutlich erkennen werden, dürfen wir folgen. Denn es ist die einzige Möglichkeit fortzufahren, ja überhaupt weiter zu leben, ohne an der Wiederkehr des ewig Gleichen, an der endlosen Produktion des «more of the same» in den modisch wechselnden Formen des «modern way of life» teilzunehmen, an diesem rasenden Stillstand, der uns tagtäglich aufs Neue ermüdet und ermattet.

Anmerkungen

1 Vgl. Klaus Lüderssen (Hrsg.): Aufgeklärte Kriminalpolitik oder Kampf gegen das Böse? Band 1–5, Baden-Baden 1998; Heribert Ostendorf: Wie viel Strafe braucht die Gesellschaft?, Baden-Baden 2000.

2 Die Zustimmung der Eltern zur Heirat ihres Kindes ist für traditionell denkende Kosovo-Albaner von grosser Bedeutung, weil die Ehen weitgehend von den Eltern oder Verwandten vermittelt werden und die Zwangsheirat noch immer praktiziert wird. Vgl. Themenpapier des Bundesamtes für Flüchtlinge: Die kosovo-albanische Frau in Familie und Gesellschaft, Bern, 25. Oktober 2000 (Regio Desk Europa).

3 Am 19. Dezember 2005 konnte Ardita in einer 17 Stunden dauernden Operation in Genf sowohl die Leber wie die Nieren eines an einem Autounfall verstorbenen Jünglings empfangen. Sie lag anschliessend während zwölf Tagen im Koma und musste innerhalb von drei Monaten zweimal wegen eines Tumors an der Schilddrüse operiert werden.

4 Nach Artikel 13b Absatz 1 lit. c des Bundesgesetzes über Aufenthalt und Niederlassung der Ausländer (ANAG) vom 26. März 1931 kann so genannte Ausschaffungshaft verfügt werden, wenn konkrete Anzeichen befürchten lassen, dass sich der betreffende Ausländer dem Vollzug der Ausweisung entziehen will (Gefahr des Untertauchens). Nach der bundesgerichtlich tolerierten Praxis der Verwaltungsgerichte genügt zur Anordnung von Ausschaffungshaft schon rein passives Verhalten bei der Papierbeschaffung oder Identitätsabklärung. Im vorliegenden Fall genügte für die Haftanordnung, dass die Ausgewiesene aus «ihrem dringenden Wunsch, in der Schweiz zu bleiben, keinen Hehl machte und eine Heimreise kategorisch ablehnte». Ferner spielte eine Rolle, dass «die Schweiz ein grosses öffentliches Interesse an der Entfernung und Fernhaltung der Ausländerin habe». So das Urteil des Verwaltungsgerichts des Kantons Basel-Stadt, Einzelrichterin für Zwangsmassnahmen im Ausländerrecht Eva Christ vom 29. Oktober 2004. Die Haft darf nach Gesetz drei Monate dauern und kann bei besonderen Hindernissen im Vollzug nochmals um sechs Monate verlängert werden. Das in der Volksabstimmung vom 24. September 2006 mit grosser Mehrheit angenommene Ausländer- und Asylgesetz verschärft die Haftbestimmungen drastisch. Wer die Schweiz nicht freiwillig verlässt, kann bis zu zwei Jahren in Haft gesetzt werden; Minderjährige zwischen 15 und 18 Jahren bis zu einem Jahr.

5 Als ich die Familie im Frühjahr 2006 besuchte, war die Situation noch immer unverändert. Monatlich überwies Jusuf 400 Euro nach Kosovo, um den Aufenthalt seiner Frau zu finanzieren. Er suchte bisher vergeblich nach Möglichkeiten, mit seinen Kindern zusammen Sadije in der Nähe der Schweizer Grenze zu besuchen.

6 Auch die Situation Jusufs war im Frühjahr 2006 unverändert schlecht. Noch immer ging er an Krücken, und seine durch den Autounfall verletzte Ferse ist trotz all der Operationen noch nicht verheilt.

7 Das bis Ende 2006 in Kraft stehende Strafrecht der Schweiz kannte als so genannte Nebenstrafe für Ausländer die Landesverweisung für die Dauer von 3 bis 15 Jahren. Bei Rückfall konnte Verweisung auf Lebenszeit ausgesprochen werden. (StGB Art. 55) Im neuen Strafgesetz ist diese Nebenstrafe gestrichen, beibehalten bleibt die Möglichkeit der fremdenpolizeilichen Ausschaffung von straffällig gewordenen Ausländern.

8 Dazu hielt das Bundesgericht in seinem Urteil vom 21. September 2004 betreffend die Ausweisung der Sadije trocken fest: «Schliesslich mag zutreffen, dass der Beschwerdeführerin die Blutrache der Familie des von ihr Getöteten droht. Es ist jedoch nicht ersichtlich, dass diese Gefahr in der Schweiz wesentlich kleiner wäre, zumal auch im Kosovo die Blutrache offiziell verboten ist (vgl. BGE 125 III 105 S.111 f.).»

9 Verfügung der II. öffentlich-rechtlichen Abteilung des Bundesgerichts vom 8. November 2004: «Gemäss Fax-Mitteilung der Einwohnerdienste des Kantons Basel-Stadt vom 5. November 2004 ist Sadije gleichentags nach Pristina ausgeschafft worden. Das aktuelle Rechtsschutzinteresse an der Behandlung der Verwaltungsgerichtsbeschwerde ist damit dahingefallen; das Verfahren kann diesfalls in Anwendung von Art. 72 BZP in Verbindung mit Art. 40 OG grundsätzlich als erledigt abgeschrieben werden.» Gestritten werden darf noch um Kosten und Gebühren.

10 Nach dem Bundesgesetz über Niederlassung und Aufenthalt der Ausländer (ANAG) kann die Ausweisung entweder unbefristet oder für eine bestimmte Zeit ausgesprochen werden. Die Mindestdauer beträgt zwei Jahre. Vgl. nun das Bundesgesetz über die Ausländerinnen und Ausländer vom 16. Dezember 2005, angenommen in der Volksabstimmung vom 24. September 2006.

11 Gemäss Bericht des Oberarztes Dr. Gian Koch der Notfallstation des Kantonsspitals Basel vom 21. Oktober 2004 an den Hausarzt Dr. med. Alexander Haegeli.

12 Selbstverständlich bezieht sich die Dauer von drei Monaten auf die verfügte Haft. Die Wegweisung erfolgt auf unbegrenzte Zeit.

13 Die Eidgenössische Kommission gegen Rassismus hat 1999 die Zahl der Jahresaufenthalter und Niedergelassenen aus dem Kosovo auf 145 000 und jene der Asylsuchenden auf weitere 50 000 geschätzt. Marcel Heiniger, Bundesamt für Statistik in «Muslime in der Schweiz», Tangram Nr. 7/1999 S. 80 f.

14 Die Kasse des Strafgerichts Basel-Stadt stellte gemäss Urteil des Strafgerichts vom 7.3.2002 der Verurteilten Fr. 42 775.85 in Rechnung, nämlich Fr. 7500.– Urteilsgebühr, Fr. 25 470.85 Verfahrenskosten und Fr. 9805.– Anteil unentgeltliche Verteidigung.

15 Offizieller Name: Arbeitsamt.

16 Nach dieser Bestimmung kann der Richter die Strafe mildern, wenn Zorn oder grosser Schmerz über eine ungerechte Reizung oder Kränkung den Täter hingerissen hat.

17 Internationale Klassifikation von Krankheiten. 10. Revision.

18 So kann es auch im Roman des albanischen Schriftstellers Ismail Kadare (Der zerrissene April, Frankfurt 2003), der sich mit der Blutrache, dem zentralen Thema des Kanun des Lek Dukagjini, befasst, nachgelesen werden.

19 Themenpapier des Bundesamtes für Flüchtlinge: Die kosovo-albanische Frau in Familie und Gesellschaft, Bern, 25. Oktober 2000, S. 6 f und dort zitierte Literatur (Regio Desk Europa).

20 Vgl. Gerhard Roth: Fühlen, Denken, Handeln. Wie das Gehirn unser Verhalten steuert. Frankfurt 2001; sowie Dorothee Frank: Menschen töten. Düsseldorf, 2006 S. 59 ff.

21 Vgl. dazu im Kapitel «Jusuf, der Vater» (ab Seite 51) die Ausführungen der Fremdenpolizei, die im Wesentlichen gestützt auf diese Bemerkung die Ausschaffung der Mutter aus der Schweiz begründete.

22 Das schweizerische Strafgesetzbuch, das bis Ende 2006 in Kraft war, unterschied zwischen Zuchthaus- und Gefängnisstrafe, obwohl sich der Strafvollzug nicht danach ausrichtet. Je nach der Gefährlichkeit des Täters hat dieser die Strafe in einer offenen oder geschlossenen Anstalt zu verbüssen.

23 Vgl. die beiden Berichte vom 5. und 8. März 2002 im Teil III der «Basler Zeitung».

24 Selbst Marianne Bachmeier, die 1981 im Lübecker Gerichtssaal den Mann erschoss, der im Verdacht stand, ihre siebenjährige Tochter vergewaltigt und ermordet zu haben, wurde mit einer Freiheitsstrafe von sechs Jahren bestraft, allerdings wegen «Totschlags». Ihre Autobiografie «Palermo, Amore Mio» wurde zweimal verfilmt («Keine Zeit für Tränen» und «Annas Mutter»). – Zum weiteren Vergleich des Strafmasses: Das Geschworenengericht in Zürich verurteilte am 7. April 2006 einen 73-jährigen Malermeister, der in der Gemeinde Zürich Leimbach verschiedene öffentliche Ämter bekleidet hatte, zu 13 Jahren Zuchthaus wegen vorsätzlicher Tötung. Er hatte aus Eifersucht seinen Nebenbuhler erschossen, mit dem seine Ehefrau nach 44 Ehejahren ein Verhältnis eingegangen war. Die Staatsanwältin hatte gar 16 Jahre gefordert. Vgl. die Berichte in der «NZZ» vom 28. März und 8./9. April 2006. Andererseits hat dasselbe Gericht im Sommer 1991 in zwei Fällen vorsätzlicher Tötung eine Strafe von je sechs Jahren Zuchthaus ausgesprochen, gleich viel wie am 7. Dezember 1989 das Geschworenengericht Winterthur für einen entsprechenden Fall. Vgl. dazu Peter Zihlmann: Der Fall Plumey. Genf 1995, S. 305 f. Selbst das Geschworenengericht Genf verurteilte Mitte Oktober 1992 den Engländer, der seine 66-jährige Gefährtin getötet und in einem Koffer im Genfer See versenkt hatte, zu nur sieben Jahren Zuchthaus. Vgl. Peter Zihlmann: Justiz im Irrtum. Zürich 2002, S. 222.

25 Die so genannte Auskunftsperson ist von der Strafverfolgungspraxis für Personen geschaffen worden, die nicht die Unabhängigkeit von Zeugen haben, aber auch nicht als Beschuldigte behandelt werden sollen. Die Auskunftsperson muss vor Gericht erscheinen, ist aber zu einer Aussage nicht verpflichtet und kann die Aussage ohne Angabe ei-

nes Grundes verweigern. Sie ist vom Gericht zur Wahrheit zu ermahnen und auch darüber zu belehren, dass sie sich durch falsche Aussagen unter Umständen der Irreführung der Rechtspflege, der Begünstigung oder der falschen Anschuldigung schuldig machen kann. Vgl. dazu auch Hauser/Schweri: Schweizerisches Strafprozessrecht. Basel 2005, § 63.

26 Als Zeugin und Tochter der Angeschuldigten stand Ardita das Zeugnisverweigerungsrecht aus familiären Gründen zu. Sie hat davon keinen Gebrauch gemacht.

27 Die Angaben über die Zahl der Blutrachetoten seit der politischen Wende im Jahr 1991 schwankt. Für 1994 gab der damalige Innenminister Agron Musaraj 265 Fälle vorsätzlicher Tötung an. Bürgerrechtler in Tirana behaupten, es habe seit 1991 bereits 5000 Tote gegeben und 60 000 Menschen würden ihre Häuser aus Angst vor Blutrache nicht mehr verlassen. Die Grenze zur «normalen» Gewaltkriminalität ist nicht leicht zu ziehen. Vgl. dazu: Der Kanun. Das albanische Gewohnheitsrecht nach dem sog. Kanun des Lekë Dukagjini, herausgegeben mit Vorwort von Robert Elsie, mit umfangreicher Bibliografie.

28 Vgl. Karl Binding: Lehrbuch des Gemeinen Deutschen Strafrechts, Leipzig 1902, Band II/1, S. 67.

29 Gemäss UNO-Sicherheitsrats-Resolution Nr. 1244

30 Alma mater, erhabene Mutter, wird die Universität in Basel von den Schulhumanisten noch heute gerne genannt!

31 Als Rechtskonsulent internationaler Industrie- und Handelsfirmen, Rechtsanwalt und Notar mit eigener Praxis und als nebenamtlicher Gerichtspräsident in Zivilsachen und zuletzt als privater Ombudsmann einer gemeinnützigen Stiftung in Basel.

32 Mirlinda erhielt als Genugtuung für Zeqirs Tod Fr. 7500.– und dessen Vater und Mutter je Fr. 5000.– zugesprochen. Dabei wurden die Summen für die im Kosovo lebenden Eltern wegen des auf das Fünffache geschätzten Kaufkraftunterschieds zwischen dem Kosovo und der Schweiz auf ein Drittel gekürzt.

Bibliografie

Bachmeier, Marianne: Palermo Amore Mio. München, 1994.

Binding, Karl: Lehrbuch des Gemeinen Deutschen Strafrechts. Leipzig, 1902.

Bundesamt für Flüchtlinge: Die kosovo-albanische Frau in Familie und Gesellschaft (Themenpapier Regio Desk Europa). Bern, 25. Oktober 2000.

Elsie, Robert (Hrsg): Der Kanun, Das albanische Gewohnheitsrecht nach dem sog. Kanun des Lekë Dukagjini, kodifiziert von Shtjefën Gjeçovi, ins Deutsche übersetzt von Marie Amelie Freiin von Godin, Olzheim/Eifel, 2001.

Frank, Dorothee: Menschen töten, Düsseldorf, 2006.

Hauser/Schweri: Schweizerisches Strafprozessrecht. Basel, 2005.

Heiniger, Marcel: Bundesamt für Statistik in «Muslime in der Schweiz», in Tangram Nr. 7/1999.

Kadare, Ismail: Der zerrissene April. Frankfurt, 2003.

Lüderssen, Klaus (Hrsg.): Aufgeklärte Kriminalpolitik oder Kampf gegen das Böse? Band 1–5, Baden-Baden, 1998.

Ostendorf, Heribert: Wie viel Strafe braucht die Gesellschaft? Baden-Baden, 2000.

Roth, Gerhard: Fühlen, Denken, Handeln, Wie das Gehirn unser Verhalten steuert, Frankfurt, 2001.

Zihlmann, Peter: Der Fall Plumey, Genf, 1995.
Zihlmann, Peter: Justiz im Irrtum, Zürich, 2002.

Dank

Mit allen, die zum Gelingen dieses Werkes beigetragen haben, fühle ich mich verbunden. Das sind in erster Linie die Betroffenen dieses Dramas, die sich mir in Gesprächen anvertraut haben. Ferner jene, die mir die Akten des Gerichts und die Dokumente der Behörden zugänglich gemacht haben. Wiederum habe ich auf einen Kreis mir vertrauter Personen zählen dürfen, die mich bei der Gestaltung des Textes durch wertvolle Ideen und Hinweise unterstützt haben. Dazu gehören allen voran Béatrice, Alexander und Rebecca, sodann meine Anwaltskollegen Franz Aschwanden, Luzern, und Stefan Suter, Basel, und die begeisterungsfähige Anne Toia, Genf, die alle aufmunternd und ermutigend auf meine Arbeit eingewirkt haben. Ohne sie wäre dieses Werk in der vorliegenden Form nicht entstanden.